PATRICK MAHÉ

BALADE EN MORBIHAN

D'Armor en Argoat

PHOTOGRAPHIES ALEXANDRE LAMOUREUX

Éditions Blanc & Noir

Je vous souhaite une belle balade sur les chemins de Vannes, golfe du Morbihan, ce magnifique pays d'art et d'histoire, entre petites mers et pays vert.

DAVID ROBO

Président de Golfe du Morbihan - Vannes agglomération
Prezidant Mor Bihan - Gwened tolpad

Glas

BRO C'HLAS

A-hed an tri mil kilometr a ya d'ober aodoù Breizh ez eus ur gurunenn inizi, ag Houad-Edig, inizi gevell er c'hreisteiz, betak Baz ha Briad en hanternoz. E Breizh emañ an aodoù kaerañ. Oc'hpenn ar mor zo... Rak e Kreiz-Breizh ec'h a glas don an douaroù da gejiñ get glas an dremmwel àr vor...

Skediñ a ra ar perlezennoù àr ar gurunenn-se. Roiñ a ramp ton d'unan anezhe amañ, el levr kaer-mañ. Bro an Arvor an hani eo, hag en he c'hreiz emañ Gwened, kêr ar Weneted a voe sezizet get Kezar 2000 blez zo, ha bet kreñvlec'h an duged adalek Yann IV.

Diàr an *Arvor* (ar- ha mor) eo bet savet an anv *Arvorig*. Ar ger-se, get ar c'hemmadur, zo daet da vout evel ul label. Ur siell istoerel zo dezhañ (ha touristel diàr vremañ ivez).

Mes oc'hpenn ur prenestr digor àr ar mor eo bro an Arvor avat.

Diàr anv pleg-mor ar *Mor Bihan* eo tennet anv an departamant – an anv nemetañ e brezhoneg e-mesk an holl zepartamantoù arall en Arvorig. En hor bro, perlezennig ar gurunenn, emañ glas ar mor ha glas an douar é kenveviñ : doc'h un tu an Arvor (bro ar mor), doc'h an tu arall an *Argoad* (bro ar c'hoadeier hag al lanneier). Laouen omp rak an tolpad-kêrioù, a zo 34 c'humun ennañ, zo rik etre an daou c'hlas, etre an Arvor hag an Argoad.

Ha kaerat tra, n'eus nemet ur ger brezhonek evit an daou liv-se : *Glas*. Kavout a reer an anv-gwan-se er 6 yezh keltiek. Un teñzor oc'hpenn...

Patrick Mahé

Glas

LE PAYS BLEU & VERT

Une couronne d'îles depuis Houat-Hoëdic, sœurs jumelles au sud, jusqu'à Batz et Bréhat au nord, coiffe près de trois mille kilomètres de côtes. La Bretagne est un joyau maritime. Mais pas seulement... Le *kreiz Breizh* (Bretagne intérieure) marie, en effet, le vert profond de ses terres au bleu de l'horizon de nos mers...

Cette couronne est riche de pépites qui brillent de mille perles. Il en est une que nous célébrons ici, à travers ce beau livre. Elle a pour nom, le pays d'*Arvor*, dont Vannes, ville bimillénaire depuis les Vénètes assiégés par César, mais aussi ancienne place forte des ducs de Bretagne depuis Jean IV, est l'épicentre.

Qui dit Arvor, traduit *Ar Mor* (la mer) qui a donné l'Armorique. La mutation du mot en langue bretonne nous a légué cette appellation qui confine au label. Il lui vaut cachet historique (et désormais touristique).

Mais le pays d'*Arvor* n'est pas qu'un balcon sur la mer.

Si le golfe du *Mor Bihan* (la petite mer en breton) a donné son nom au département – seul nom officiel en breton de tous les départements d'Armorique – notre pays, petite perle de la couronne, réunit harmonieusement le bleu (la mer) et le vert (la terre): ici l'Armor (la mer), là l'Argoat (le pays des forêts et des landes). Pour notre plus grande joie, l'agglomération aux trente-quatre communes se partage à égalité entre le bleu et le vert, l'Armor et l'Argoat.

Miracle du breton, un mot, un seul, unit ces deux couleurs: Glas. Cet adjectif est commun aux six langues celtiques. Un trésor de plus...

Patrick Mahé

COLPO
BRANDIVY
RENNES >
RN166
TRÉDION
PLAUDREN
LOCMARIA
GRAND-CHAMP
LOCQUELTAS
GRAND-CHAMP
< LORIENT
ELVEN
MEUCON
MONTERBLANC
AURAY
PLESCOP
SAINT-AVÉ
RN165
SAINT-NOLFF
PLOEREN
PLOUGOUMELEN
VANNES
TREFFLÉAN
SULNIAC
LE BONO
ARRADON
BADEN
SÉNÉ
LARMOR-
BADEN
THEIX-NOYALO
LA TRINITÉ-
SURZUR
ILE-D'ARZ
MUZILLAC
LE HÉZO
ILE-AUX-MOINES
ARZON
SAINT-ARMEL
SURZUR
LE TOUR-
DU-PARC
SAINT-
GILDAS
DE RHUYS
SARZEAU
HOUAT
HOËDIC

Armor Vannes Argoat

Entre petite mer et pays vert

Bretagne et Morbihan

Le Golfe et ses îles

Sommaire

Arm

or

Le golfe et ses îles, la presqu'île de Rhuys

La langue bretonne offre au pays d'Arvor la racine armoricaine (Armor) qui souligne, ô combien, la munificence de son balcon sur mer. Ainsi le *Mor Bihan* (petite mer) – en deux mots – est-il devenu le nom du département (en un mot, lui), échappant au nivellement administratif de la Révolution française. Dans le charivari d'époque, il fut question de l'appeler « Côtes du Midi », soit d'en faire le pendant sud des « Côtes du Nord » enfin rebaptisées « Côtes d'Armor » deux cents ans plus tard... Notre Armor à nous est un joyau. Le golfe aux 365 îles de légende (en fait, une quarantaine) est un diadème qui remplit d'étoiles les yeux du visiteur, car il y vogue naturellement ébloui. Lors d'un prix Bretagne / *Priz Breizh* de littérature, l'écrivain Gilles Martin-Chauffier, né « Vénète » mais « Îlois » à fleur d'eau, a qualifié ce jardin océanique de « Salon du duché ». Écrin aux dix-sept communes maritimes, de Séné à Port-Navalo, d'Arradon à Larmor-Baden, il forme couronne autour de Vannes. Dès le XIVe siècle, les ducs de Bretagne établirent leur résidence d'été à Suscinio, en presqu'île de Rhuys. Tous les deux ans, un événement festif y rassemble plus d'un millier de flottilles, unités de prestige ou voiliers historiques. Une grande parade en signe l'apothéose. Chaque été, le Festival d'Arvor, cornemuses au vent, et majestés issues des cercles celtiques y célèbrent ses racines. Nombre de bagadoù et de cercles viennent de l'Argoat, le pays des terres et des forêts profondes, scellant en musique l'unité *Glas* qui caractérise le bleu et le vert du pays d'Arvor.

ER-GUIP

Arradon

Voilà plus de 2000 ans, l'*Arradunum* des Romains – était déjà un centre de villégiature ; ce que les temps modernes perpétuent, via son port de plaisance à 7 km de Vannes.

La vue sur les îles Logoden, doublée d'un large panoramique sur le golfe du Morbihan, attire les touristes à la pointe du littoral. Une colline (du celte *Ara* et *dun* pour forteresse) surplombe ladite pointe, couronnée de maisons de maître aux allures de manoirs et de villas de caractère.

Si les mégalithes pullulent à travers champs et grèves (les dolmens Er Roh et Kerhenry en témoignent), il subsiste des vestiges de villas gallo-romaines, à proximité d'anciens sentiers côtiers, notamment près de la plage du Lodo, de Kerlann, celle de Penboc'h, au lieu-dit Roguedas et jusqu'au Vincin, dont la voie romaine partant de Vannes enjambait le lit de la rivière de mer.

Bourgerel, Le Lodo, campés sur la voie antique, possédaient des thermes de schiste noir et de marbres veinés de rouge. À l'époque du duché de Bretagne, la famille d'Arradon au rôle politique, militaire et religieux conséquent édifia le château de Kerran à façade Renaissance.

Pages précédentes

Survol du golfe du Morbihan à partir de l'étang de Toulvern. À droite : « les Sept îles », passage vers la rivière d'Auray. À gauche : Larmor-Baden et son prolongement vers Berder.
À droite : l'île Longue dans la perspective de Port-Navalo.

Balade en sinagot. Ses deux voiles ocre traditionnelles – une misaine à l'avant, un taille-vent plus ample sur le grand mât, sont familières aux marins pêcheurs et plaisanciers qui sillonnent le golfe. Son nom vient de la commune de Séné dont les habitants portent fièrement le nom.

En cette ère de classement au patrimoine mondial de l'Unesco, le cromlec'h d'Er Lanic (Er Lanig en breton) et le cairn de Gavrinis qui le surplombe sont des atouts mégalithiques d'exception.

Depuis qu'Arradon s'est ouvert au tourisme de villégiature (fin XIXe-début XXe siècles), l'ancien fief de nombreuses seigneuries ducales est devenu un site privilégié, notamment à sa pointe qui descend dans le golfe. La pointe d'Arradon.

Autres sites d'époque remarquables : le manoir Kerbilouët (xve-xvie siècles), la chapelle Notre-Dame au vitrail de la présentation de la Vierge à l'Enfant (signée Champigneulle) et à la statue polychromée de la Vierge. À voir : les vitraux de la chapelle Saint-Joseph à Penboc'h rassemblant saint Mathieu et les saints fondateurs de Bretagne ; le moulin à vent de Kerbellec, celui de Le Paluden, moulin à marée et la tour Saint-Vincent à Kerlann.

La vogue d'Arradon dans les temps modernes débute autour de 1860, date où les familles aisées de Vannes érigent des villas cossues. On y crée une jetée (1882) où accostent les vapeurs de La Compagnie vannetaise de navigation. Autre attraction courue, les parcs ostréicoles ouverts au public, à la pointe d'Arradon et face à l'île d'Irus (île à louer) ouverte à la culture bio.

Face au chantier ostréicole qui borde la rive droite de la pointe d'Arradon, le moulin à marée de Paluden, rythmait l'activité des meuniers avec les marées.
À gauche : le port de plaisance et sa base nautique, la chapelle Saint-Joseph et le moulin de Kerbellec.

Arzon

Aucun promontoire ne peut rivaliser avec la pointe de Bilgroix, ne serait-ce que pour y admirer la grande parade des 1200 voiliers (de toutes sortes) déferlant depuis les flots agités de *Mor Braz* (l'océan) sous l'île de Méaban (réserve ornithologique) jusqu'à l'entrée du *Mor Bihan*, lors de la traditionnelle Semaine du Golfe. La petite mer aux eaux apaisées – passé le courant de la Jument et Port-Blanc – est forte d'une circonférence de 55 km (20 km de longueur × 15 km de largeur). Chaque marée y voit déferler des millions de mètres cubes d'eau.

Depuis le petit tumulus qui coiffe la pointe, la vue embrasse l'entrée du golfe vers l'Île-aux-Moines, l'île Longue qui borde la rivière d'Auray, en amont des « Sept îles » et Locmariaquer, à bâbord. Le site est l'une des perles de Port-Navalo, ancien port de pêche d'Arzon, supplanté de nos jours par la navigation de plaisance.

Le tour du phare de Port-Navalo (1863) mène à la « grande plage » dont l'horizon porte sur les îles du large : Houat, Hoëdic et l'esquisse de Belle-Île. Le sentier côtier longe la tombe du petit mousse inconnu. Il mène au port du Crouesty, creusé en 1971 sur l'emplacement d'une poche de mer courue par les pêcheurs à pied.

Cette pierre levée, ainsi que le rocher blanc du « mouton » (immergé, donc signalé, en contrebas) font partie du panoramique de la pointe de Bilgroix à Port-Navalo. À tribord, l'entrée du golfe vers ses grandes îles. En face l'île Longue. À bâbord, Locmariaquer, à un demi mille nautique.

Au hameau de Tumiac voisin se dresse le tumulus d'où Jules César lui-même aurait supervisé la victoire des Romains sur les Vénètes (56 av. J.-C.). On se presse au pied du dolmen du Grah Niol (la déesse du soleil) et le cairn massif du Petit Mont, vieux de 4500 ans. Saint Gildas, venu d'Irlande, aurait débarqué en l'an 565, au lieu-dit Notre-Dame du Croisty. Un vitrail commémore les 42 marins du *Foudroyant* (coulé au XVIIe siècle) en l'église d'Arzon.

Reste d'immanquables hameaux tel celui menant à la pointe du Monteno, formant comme une pince rocheuse avec celle de Bilgroix, autour d'une anse du golfe ; on traverse le village-jardin de Kerners, posé sur les rives en y admirant ses puits ancestraux, ses maisons du XVIe siècle et celles des capitaines revenus du « long cours » ; enfin, via le moulin à marée de Pen Castel, comment ne pas faire escale au port du Logeo panoramique sur lequel veille Sarzeau, cadre abrité pittoresque et typique du Parc Naturel Régional (le PNR).

En haut : Port-Navalo. Au-dessus de la grande cale, la route mène au phare ceinturé d'une promenade cotière.
À gauche : le cairn du Petit Mont ; la Butte de César à Tumiac d'où (récit mythique) il aurait supervisé la victoire de ses galériens sur les Vénètes.

Baden

Les mégalithes témoignent d'un peuplement antique. La sublime pointe du Blair fut le camp retranché des Vénètes dès l'invasion romaine. Face aux galériens de César, il gardait l'entrée de la rivière d'Auray. Les eaux profondes au large des « Sept îles » et de l'anse de Toulvern ont permis d'édifier une jetée. Au lendemain de la guerre 1914-1918, les Américains envisagèrent d'y creuser un port de commerce. De nos jours, les plaisanciers s'initient à la voile sur la base nautique de Toulindac. On vise l'entrée du golfe par l'axe pyramidal du Petit-Vézy et du clocher de Baden, repère clé. Du golfe au golf (18 trous) il n'y a qu'un coup de *putt* à donner.

Dépendant de la seigneurie de Largoët, à l'époque du duché de Bretagne, Baden compte de jolis manoirs, tel celui de Kerdelan (premier édifice datant du XVe siècle) pres de la chapelle Notre-Dame de Penmern, inspiratrice de plusieurs artistes, dont le peintre Jean Frélaut (1908).

La chapelle dédiée à saint Mériadec et le retable en bois de l'église Saint-Pierre sont à visiter. Celle de Saint-Michel (XIIIe siècle) est célèbre pour ses processions aux ex-voto (dont un trois-mâts). Au cimetière municipal, un tombeau en marbre salue la mémoire de Joseph Le Brix, pionnier de la traversée aérienne de l'Atlantique Sud (1927).

Un musée « Des passions et des ailes » invite à découvrir cette noble figure de l'aéronautique.

BADEN. LE RETABLE DE L'ÉGLISE SAINT-PIERRE.
LE VILLAGE EST CALÉ À PROXIMITÉ DE L'ANSE DE TOULVERN, TOURNÉE VERS « LES SEPT ÎLES ». À GAUCHE, LA CHAPELLE DÉDIÉE AU CULTE DE SAINT MÉRIADEC.

À tribord de Port-Blanc et Toulindac, en direction de Larmor-Baden, s'étend la baie de Kerdelan, largement ouverte face à l'Île-aux-Moines. On y trouve le club nautique de Baden, très protégé des vents.

L'Île-aux-Moines. Un bras de mer grand comme la paume d'une main sépare l'embarcadère de Port-Blanc, le continent, de Toulindac, l'une des quatre pointes de « la perle du golfe » ainsi décrite par le géographe Ogée en son *Atlas itinéraire de Bretagne* (1769).

Île-aux-Moines

Le blason d'*Eniz Enac'h* (ou *Izenah*) est fortement herminé sur ancre de mar ne et crosse abbatiale. En l'an 855, Erispoë, roi de Bretagne, aurait fait don du joyau insulaire aux moines de l'abbaye Saint-Sauveur, à Redon, créée par son père, Nominoë, dit *Tad ar Vro* (le père de la patrie).

L'Île-aux-Moines est hérissée de manoirs : le manoir de Sainte-Anne dit le château du Guéric (XVIIe siècle), Kerno et de maisons de capitaines (au Bindo, à Locmiquel). Un corsaire vivait à Kergantelec. Deux canons fichés sur le sol en marquent l'entrée.

L'île est réputée pour une multitude de trésors patrimoniaux. On y admire une trentaine de menhirs répartis en fer à cheval. Le dolmen de la pointe de Pen Hap culmine sur un tertre de 50 × 80 m. Si le cromlech de Kergonan est classé aux Monuments historiques, la ligne de tumulus originelle a été rasée à la fin du XIXe siècle. Le visiteur aura aussi à cœur de se rendre au calvaire de la pointe du Trec'h avec vue imprenable sur l'anse d'Arradon. L'île compte sept croix notables ou calvaires.

Aux grandes heures de la marine à voile, le port a compté une centaine de navires, dont 7 trois-mâts,

17 bricks et 3 goélettes ; une flottille de « chasse-marées » sillonnait le golfe et cabotait au large. De nos jours, le chantier du Guip, dans l'anse de Pen Hap, fidèle à la tradition, reconstruit des bateaux d'intérêt patrimonial à l'ancienne, tandis que, l'été, des hordes de touristes débarquent depuis la passe de Port-Blanc, agitée de courants.

Une insolite « Foire aux mariages » illustra les temps de conquête des mers et des cœurs. Le dimanche, après les vêpres, les marins célibataires se pressaient sur la jetée. Ils dévisageaient les îliennes à coiffe typique (de Rhuys et d'Arz, île voisine) et robe brodée. Elles marchaient tête baissée, à la manière des Castillanes à l'heure du « paseo ». Au séducteur de capter le doux regard sans donjuanisme déplacé. Des générations d'îliens doivent tout à ce rite galant…

Aujourd'hui, les cabines de bain colorées alignées sur la plage du Bois d'Amour gardent leurs « petits secrets » de saison. Les amoureux d'un jour y échangent des serments d'estivants parfois trop pressés. On y réfrène ses chagrins dans le bois des Soupirs et sèche ses larmes dans la solitude du bois des Regrets. Les plus heureux convoleront à l'église Saint-Michel sous les ex-voto dédiés à sainte Anne…

Les cabines de bain récemment repeintes sont caractéristiques du décor de la « grande plage » de l'Île-aux-Moines. Elles témoignent de l'engouement des estivants de passage en Morbihan.
En bas à gauche : le chantier du Guip, spécialisé dans la construction ou reconstruction de voiliers en bois, tel le sinagot.

Île d'Arz

La devise d'*Enez Arh* (l'île d'Arz) est directement inspirée du serment des marins au long cours dont l'île du golfe était le havre de cœur : *Arzav hag Arzam* (Debout et tenons !). Au XVIIIe siècle, 10 % de la population était constituée de marins, dont nombre de capitaines ! Ceux qui avaient franchi « la ligne » (l'Équateur) plantaient un palmier symbolique au retour. Le microclimat du golfe faisait le reste. Les îles se transforment vite en jardins insulaires à plantes exotiques.

Tandis que les hommes cabotaient sur les côtes ou traversaient *Mor braz* (l'océan), les femmes tenaient Arz. On les surnommait alors « les gardiennes de l'île ». Le village de Penero témoigne de l'habitat traditionnel des maisons de pêcheurs, plus modestes que « les maisons de capitaine » d'assise cossue. On y remarque un pigeonnier et un ancien manoir du XVIe siècle. À quelques lieues (l'île compte 18 km de sentiers de randonnée) se tient celui de Kernoël, ancienne propriété du prieuré Saint-Georges.

Une digue de 300 m a été construite par les moines de l'abbaye de Saint-Gildas-de-Rhuys (XVe siècle). De nos jours, le moulin à marée de Berno, draine le visiteur ébloui. Il a été rénové grâce à une association présidée par Jean Bulot, ancien commandant de l'Abeille-Bourbon. En débarquant sur la cale de Pen Raz (devant Penero), quelques pas suffisent pour mener à la fontaine Varia (dédiée à la Vierge). Comme son nom l'indique, l'église millénaire de La Nativité (XIIe-XVe siècles) est dédiée à la Nativité de Notre-Dame. « La vierge d'Espérance », patronne des marins, est statufiée dans la chapelle qui porte son nom. Dans cette île aux marques si pieuses, repose l'écrivain François Rio, grand diplomate du XIXe siècle, auteur érudit qui publia *L'Art chrétien*, ouvrage de référence universel.

Si les vestiges mégalithiques de Pen Liouse, véritable enclos circulaire, attirent logiquement les curieux, l'anse de Keroland, elle, située au sud de l'île, draine les apprentis marins dans un foisonnement de yuccas, palmiers et flamboyants. S'y tient l'école de voile des Glénans (50 stagiaires par session). Ils s'initient à la croisière et slaloment entre les îlots satellites d'Arz, impatients de braver le célèbre courant de La Jument, l'un des plus forts d'Europe.

Île d'Arz. L'île des capitaines au long cours. Contrairement à l'Île-aux-Moines voisine, qui lui fait face, son relief est plat. Les apprentis navigateurs profitent de ses eaux calmes et de ses abris pour s'initier à la voile avant d'affronter, au-delà, le redoutable courant de La Jument.

Le cairn de Gavrinis (souvent traduit en « l'île aux chèvres » en français) face à Larmor-Baden est le joyau mégalithique du Morbihan. Le couloir d'une quinzaine de mètres est composé de 23 dalles ornées de motifs gravés. Il mène à la chambre funéraire aux six piliers et plafond également gravés.

Larmor-Baden

Trois perles brillent au fronton de Larmor-Baden : le cairn de Gavrinis, l'île Eden de Berder et le marais de Pen-En-Toul. Les amateurs de surnaturel voient dans un rocher émergeant de ce marais opaque la terrible *pat an diaoul* (la main du diable) ; tout au contraire, les filles à marier, rêvant au promis providentiel, s'asseyaient en confiance sur « le siège de Saint-Gildas... »

Larmor dépendait de la frairie de Baden depuis la seigneurie de Largoët. Un décret de Napoléon III (1860) permit d'ériger son église – un vitrail est dédié à sainte Eugénie, prénom de l'épouse de l'empereur – premier pas vers son autonomie communale (1924).

En 1905, on y creusa un port de plaisance en eau profonde derrière une jetée assurant aux bateaux un tirant d'eau de 8 m.

C'est à partir de là que l'on se rend sur Gavrinis (l'île de la Chèvre) où culmine le cairn majestueux, son dolmen intérieur long de 14 m, la chambre mortuaire, son sol dallé et les piliers aux motifs gravés dans la pierre immémoriale. En contrebas, la vue plonge sur l'îlot d'Er Lannic, classé réserve ornithologique, couronné de vestiges néolithiques partiellement immergés.

À bâbord de la cale, Berder, jardin de mer insulaire, est relié au continent par une chaussée de roches (submersible). Son parc plus que centenaire et le sentier côtier (2,6 km) sont constellés d'essences rares. Une tour hexagonale y domine le golfe depuis la fin du XIXe siècle. Longtemps inhabitée, une de ses arêtes s'est effondrée en 2021. Elle sert d'amer aux navigateurs qui slaloment dans les puissants courants de l'île de la Jument.

Parallèlement à son blason herminé, la commune a fait dessiner un emblème circulaire entourant une pierre levée, afin de célébrer son centenaire (1924-2024).

Si Berder paraît à portée de foulée, l'accès à cette île jardin au sentier côtier orné de conifères, si convoitée et si jalousée, n'est pas sans danger. Elle est reliée au continent (Larmor-Baden) par une chaussée submersible, vite engloutie à marée haute. Portés par le courant, les flots ensevelissent vite la petite passe.

Le Bono

On n'accède pas à Le Bono – le parler commun dit «au Bono» – sans bénéficier de courants porteurs. Le but des marins (Le Bono fut naguère un grand hameau de pêcheurs) est d'éviter le piège de vasières qui forment une molle, mais sombre muraille avant d'attaquer l'étroit chenal menant aux mouillages. Le petit port, très abrité, donc fort prisé et même chéri, paraît comme blotti entre ses quais et la jetée construite en 1880.

Associé à la commune de Plougoumelen jusqu'à 1947, Le Bono est la patrie des «Forbans», chaloupes de pêche typiques à deux mâts (13 m de longueur), petites cousines du sinagot plus massif qui sillonne le golfe du Morbihan, sous l'emblématique voile grenat. Il est loin désormais le temps où les pêcheurs d'équipages concurrents se défiaient à la sortie de la rivière d'Auray devant le mascaret qui soulève les flots entre Port-Navalo et Locmariaquer. On a compté une bonne soixantaine de «Forbans» à Le Bono, et même une centaine sur deux ou trois générations, ayant été pilotés par 300 à 400 marins.

Quelques bassins ostréicoles et cabanes de chantier ont sculpté les berges. Mais ce qui frappe à Le Bono, ce sont les ponts, et notamment le pont suspendu construit en 1840 qui chevauchait le Sal. Il permettait aux habitants de Plougoumelen d'aller à Auray sans avoir à embarquer sur le chaland du passeur. Au-delà, on franchissait la rivière d'Auray entre Kerentrec'h (le passage) et Kerdrec'h (le village du passage).

En 1965, une nouvelle structure de quelque 260 m est venue doubler le pont suspendu. Il porte le nom de Joseph Le Brix, célèbre aviateur né à Baden, pionnier de la traversée de l'Atlantique Sud, avec Dieudonné Costes, disparu en 1931, à l'âge de 32 ans, en tentant de rallier Paris à Tokyo! Le Bono s'honore de son souvenir.

On s'attarde autour des vestiges mégalithiques, tels le dolmen coudé de Kernours à long couloir et les tombelles remontant à l'âge du Fer. Le château de Kerdréan (xve siècle) qui fut transformé en hôtel, celui de Kervilio sont dans les mémoires. Les fidèles ont fait de la chapelle seigneuriale de Sainte-Avoye un lieu de culte familier. Mais c'est Notre-Dame de Becquerel, riche en ex-voto marins, qui reste le haut lieu d'un Pardon, bannières au vent.

Le Bono, à quelques encablures de celui de Saint-Goustan (Auray) était le port d'attache des « Forbans », formant flottilles de chaloupes parées pour concurrencer les sinagots du golfe. Ce port est un abri providentiel à quelque douze milles du puissant mascaret qui « choque » contre la coque entre Port-Navalo et Locmariaquer.

Le Hézo

Niché au fond de la rivière de Noyalo, à deux pas de Saint-Armel, face à la pointe de Montsarrac sur la commune de Séné, Le Hézo est fier de son blason fortement herminé. Le village garde la mémoire des moines de Saint-Gildas-de-Rhuys qui, sur les traces de l'Occupation romaine, y cultivèrent des vignobles au XIIIe siècle. Saint-Vincent, patron des vignerons, a légué son nom à la chapelle (devenue une église). Chaque été sa mémoire est célébrée lors du Pardon rituel. Une fontaine abrite une statue du saint protecteur. Un tableau poignant, en hommage aux victimes de la Première Guerre mondiale, montre un soldat agonisant rendant l'âme face à une apparition du Sacré-Cœur.

Le Hézo compte un étang conduisant vers la mer par un moulin à marée (XVIIIe siècle) construit sur une digue. Elle relie le village à la route de Saint-Armel. La culture maritime passe par l'instruction. La classe de CM1-CM2 de l'école Vert-Marine est labellisée « aire marine éducative ». On trouve au Hézo la trace des ruines d'une villa romaine et celle d'une voie antique au lieu-dit Kerfontaine. Si l'on ne cultive plus la vigne au Hézo, les pommiers prospèrent à la Cidrerie de Rhuys fondée en 1928.

Cet ancien marais salant, havre pour oiseaux migrateurs, est relié au golfe par un chenal débouchant dans la rivière de Noyalo. Il fait partie des espaces naturels sensibles et bénéficie de travaux de renforcement des digues de la part du Conseil départemental.
À gauche : la fontaine Saint-Vincent.

Le Tour-du-Parc

Son blason est constellé de mouchetures d'hermines. Comme son nom l'indique, l'appellation doit tout aux délimitations des réserves de chasse des ducs de Bretagne lorsqu'ils séjournaient en leur château de Suscinio à quelques lieues de Sarzeau. Leur place-forte était alors la capitale du duché, à Nantes, depuis le xe siècle. De l'abbaye de Saint-Gildas-de-Rhuys on traversait alors d'immenses forêts de chênes giboyeuses. Entré en conflit avec les moines en raison de différents droits d'usage et de chasse, Jean Ier de Bretagne fit construire en 1250 une quarantaine de kilomètres de circonférence, enserrant le domaine ducal. Bénédictins et pérégrins étaient ainsi contraints à effectuer de longues marches en différents détours. Il en est resté la dénomination imagée de Le Tour-du-Parc.

En dehors de la restauration de Suscinio par le département dans les années 1960-1970, de l'église dédiée à saint Vincent Ferrier, du manoir de Caden, longtemps propriété d'officiers ducaux, on s'attarde autour de la fontaine Saint-Clair à motifs celtiques.

Une singularité saute aux yeux : le retour de la vigne. À la fin du Premier Empire, on dénombrait 585 hectares plantés dans le Morbihan dont 400 autour de Sarzeau. Les Romains en sont à l'origine. Au Moyen Âge, on cultivait le raisin en presqu'île de Rhuys. De nos jours, le vignoble de Rhuys a inauguré un chai à Dantelezh, à une poignée de sarments du Tour-du-Parc et des plages de Banastère. Côté mer, donc, à deux brassées des fresques ornant les bâtiments ostréicoles de Pencadenic, face à Penerf, « Golfe du Morbihan - Vannes agglomération », a inauguré Ostréapolis, centre d'interprétation et de préservation de l'huître, encore une perle du golfe. Le logo du Tour-du-Parc (depuis 2021) accentue l'ancrage maritime de la commune.

L'ostréiculture, les marais, les étiers, sont à l'honneur. Si la forme du visuel fait penser à une huître allongée, Ostréapolis et son centre d'interprétation ouvert au grand public et aux scientifiques le rappelle aujourd'hui, elle figure d'abord le tracé des frontières de la commune. Sa couleur n'est pas le fruit du hasard. Le dessin et le lettrage soignent le bleu-vert glaz – notre turquoise à nous. Le texte, plein cœur, symbolise la perle de l'huître.

Baigné par la rivière de Pénerf, le Tour-du-Parc aligne les chantiers ostréicoles. Naguère, l'huître plate ornait les tables. Devenue rare, à la suite d'un parasite dans les années 1970, les « portugaises », puis « japonaises » (les creuses) ont gagné la bataille des parcs à huîtres.

Plougoumelen

Naguère liée à Le Bono, à qui Plougoumelen donne son autonomie en 1947. Son caractère marin est bordé au lieu-dit Le Traon, par la partie maritime du Sal, affluent de la rivière d'Auray qui débouche dans le golfe. On y chemine par un sentier côtier bucolique entre Ker Blei (la toponymie évoque « le village du loup » : *blei, bleih, bleiz* (loup).

Pont Sal surplombe le bras de mer. Les hameaux environnants au cœur de paysages préservés sont un « *must* ».

La chapelle de Saint-Thuriau (xve siècle) à Lestreviau a gardé son sol en terre battue. Elle est coiffée d'une très jolie cloche nichée à la poupe de l'édifice. Immanquable hameau de Cahire, à quelques pas, aux chaumières traditionnelles. L'abbé Le Leuch, figure de la contre-révolution spirituelle, y créa sa « petite église ».

Devant l'église dédiée à Saint-Philibert, deux croix jumelles (xvie siècle) aux faces sculptées surplombent un cercle celtique, à l'irlandaise.

Le château de Pont-Sal (xive et xve siècles), aujourd'hui propriété privée, vit naître Yves de Pont-Sal, futur évêque de Vannes qui fit canoniser saint Vincent Ferrier en 1456. Venu spécialement de Rome pour l'occasion, le cardinal de Coëtivy y procéda à l'obtention des reliques du nouveau saint.

Plou-goh-Melen se traduit par « pays des vieux moulins » en breton vannetais. Une paroisse est dédiée à saint Mélaine, évêque de Rennes mort en l'an 530.

Le hameau Cahire est classé. Certaines chaumières et longères traditionnelles remontent au XVIIe siècle. À l'époque de la troisième Chouannerie (1810), l'abbé Le Leuc'h y établit le siège de sa « Petite Église » insoumise. À gauche : la chapelle Notre-Dame de Becquerel.

Sarzeau

À la croisée de la presqu'île, Sarzeau rayonne sur deux tiers des terres de Rhuys, depuis les hameaux du golfe – la pointe de Bréhuidic ou le port du Logeo, jusqu'à l'océan entre Saint-Gildas-de-Rhuys, Le Tour-du-Parc; de Saint-Jacques à Penvins en passant par Suscinio. Entre golfe et océan, donc...

Sa devise en latin ancre sa destinée maritime: *A fluctibus opes* (La richesse vient des flots). Sous un vaisseau d'argent, le blason associe l'hermine des ducs à la fleur de lys des rois, armes déployées après le Traité d'Union (1532) entre la Bretagne et la France.

Le menhir de Kermaillard, les dolmens de Lanneg Er Men et de Er Roh, ont été restaurés en 1936 par Zacharie Le Rouzic, né à Carnac au cœur des alignements, formé par l'archéologue écossais James Milin.

La prospérité du chef-lieu doit au prestige du château de Suscinio, chanté par Gustave Flaubert, résidence d'été des ducs de Bretagne depuis la fin du XIIe siècle. Deux siècles plus tard, le sénéchal de Jean IV établit sa résidence à Sarzeau. Déjà, Jean III y avait fondé un hospice-hôpital. En 1564, enfin, la sénéchaussée s'unit au présidial de Vannes.

Rénové par le département du Morbihan, à partir de 1965, Suscinio attire de nombreux visiteurs au pied de ses sept tours, dont l'une quadrangulaire qui domine la campagne et les plages de l'océan, vers Penvins, à courte distance. On y admire les vestiges d'une chapelle, une marqueterie et 300 m² de pavements d'origine (30000 pavés), ainsi que, marque ducale pérenne à travers les siècles, le gisant d'Arthur II de Bretagne.

À droite : Suscinio en majesté. Vue du ciel, l'ancienne résidence d'été des ducs de Bretagne, non loin des massifs dunaires qui bordent l'Océan. Édifié au XIIIe siècle, il fut un haut lieu de la guerre de Succession au trône du duché. Il a été rénové par le Conseil Départemental à partir du milieu des années 1960. Ci-dessus : la coiffe circulaire de Sarzeau et l'anse du Poul au Logeo.

Fief royaliste, Sarzeau initia l'insurrection contre-révolutionnaire (1791) de Toussaint de Francheville, officier de Marine émigré, dont l'influence militaire et stratégique s'étendit jusqu'à la presqu'île de Guérande. La paix venue, son fils Gabriel développa la culture des vers à soie au château de Truscat. Un foisonnement de châteaux forme couronne : Kerlevenan, résidence du marquis de Gouvello, Kerampoul, classé aux Monuments historiques, Kerthomas, Keralier, Keruhel, Truscat et Néret (face au golfe), Kerbot... Et nombre de manoirs : l'oratoire (privé) de la cour Penvins, Kerstephanie, La Noëdic (XVe siècle) où se trouvent les vestiges d'un calvaire du Moyen Âge.

La grande ombre du romancier Alain-René Lesage, auteur de *Gil Blas de Santillane* et du *Diable boîteux* plane autour de sa maison natale, désormais propriété de la commune, en centre-ville. Autres célébrités : Arthur III, connétable de Richemont, duc de Bretagne (XVe siècle) ; le peintre et graveur Xavier de Langlais (Langleiz) figure du mouvement culturel des *Seiz Breur* dans les années 1930 ; l'écrivaine Marie Le Franc (prix Femina, 1927), David Lappartient, président de l'Union cycliste internationale, du Comité olympique français et du... Morbihan !

Penvins. Notre-Dame de la Côte. Cette ancienne chapelle paroissiale, située à portée de bottes de sept lieues de Suscinio et du Tour-du-Parc, a été reconstruite par la famille du peintre et graveur Xavier de Langlais (Langleiz) figure du mouvement artistique des *Seiz Breur*.
À gauche : menhir de Kermaillard.

Saint-Armel

Par quel miracle, cet ermite du VIe siècle, ayant défié, délogé puis poussé un dragon dans les flots – dans la grande tradition des saints bretons (Pol-Aurélien dans le Léon, ou Malo) a-t-il légué son nom à cette commune de charme calée aux portes de la presqu'île de Rhuys ? La lutte d'Armel, tombeur spirituel du monstre, avait eu pour théâtre légendaire la côte nord de Bretagne et non pas le sud armoricain… Il n'en reste pas moins que le village éponyme, ancien quai à passeur entre la pointe de Montsarrac qui lui fait face et qui permettait d'aller jusqu'à Séné, s'ouvre sur la rivière de Noyalo. Par une chaussée submersible, l'île Tascon (à bâbord) mène à des fermages. Elle garde la trace d'anciens marais salants transformés ici ou là en bancs d'huîtres, comme au Ludré, siège d'une ancienne minoterie. À Lasné, des familles de paludiers métamorphosent l'eau saline en « or blanc, avec la complicité du soleil et du vent » comme on aime à le souligner à Guérande, inscrite au patrimoine culturel immatériel de l'UNESCO.

Le manoir à enclos du XVIIe siècle (à colombier) garde la mémoire des vignerons de naguère qui, comme au Hézo voisin, cultivaient le raisin. On y pétrit – spécialité locale – le Gochtial (*gwastell*, en breton), un pain brioché unique, très dense, de forme ronde, dont se nourrissent toujours les fidèles lors du pèlerinage à saint Vincent, patron des vignerons !

Saint-Armel. Entourée d'eau de mer virant légèrement au saumâtre du genre des « backwaters » du Kerala (en Inde) l'îlot de Quistinic se distingue par sa géométrie carrée. Montsarrac et Saint-Armel (par ailleurs patron de Ploërmel) qui terrassa le dragon (VIe siècle) en sont les sites inspirés.

Saint-Gildas-de-Rhuys. Plage sauvage de Poulgor et dolmen de Men Maria, l'un de ses trésors mégalithiques avec « la pierre jaune » (Men Melen) à Kercambre, le menhir et l'allée couverte de Le Net.

Saint-Gildas-de-Rhuys

Gweltaz en breton de Cornouailles, du Trégor et du Léon; *Jildaz* en breton du pays de Vannes. Venu d'Irlande en l'an 536, le moine débarque par Houat, une île qui barre l'horizon depuis le promontoire du Grand Mont. Il fait sien ce territoire tourné vers le large (Houat, Hoëdic, Belle-Île). Il y fonde une abbaye – où il sera enterré en 565. Reconstruite par saint Félix au XIe siècle, elle deviendra le haut lieu de méditation des bénédictins. Abélard, cruellement châtié pour avoir transgressé l'ordre établi du XIIe siècle en convolant avec la jeune Héloïse – prélude aux fantasmes des amours libres – trouvera un refuge spirituel à Saint-Gildas-de-Rhuys.

Reconstruite en 1653, vendue au titre des Biens nationaux à la Révolution, rachetée par la Commune sous le Premier Empire, l'abbaye recèle de joyaux, à commencer par les reliques de saint Gildas, dont un véritable trésor d'orfèvrerie (bras et main en argent estampé et vermillé sur bois) datant du XVe siècle.

On y trouve aussi le tombeau de saint Goustan, la pierre tombale d'Aliénor de Bretagne, fille du duc Jean Ier, morte en 1248 au château voisin de Suscinio, résidence d'été du duché. Et celle de Thibault, son frère, mort trois ans plus tard, lui aussi à Suscinio. Jeanne de Bretagne, fille de Jean IV et de Jeanne de Navarre, décédée le jour de Noël 1488, toujours à Suscinio, y repose.

Diverses châsses sur cuivre aux armes du duché (hermines) et du royaume (lys) ont survécu à la Révolution grâce aux habitants de Saint-Gildas qui les dissimulèrent dans des recoins perdus du rivage.

Le retable de l'église abbatiale irradie sur un chœur à divers chapiteaux. Il est doté d'un déambulatoire voûté d'arêtes. Le cloître du XVIIe siècle, les fontaines, les puits (au lieu-dit Le Cossay et à Keraudren) et des croix remarquables, telle celle de Kerpont avec un Christ sculpté dans le granit, ajoutent à la magnificence du village d'artistes très fleuri et de ses alentours.

Si les plages de Kerfagot et des Govelins (*Goh Velin*, vieux moulin) attirent l'estivant, Port-Maria, havre de poche, accueille une poignée d'embarcations. À la sortie de Saint-Gildas, des étangs bordent un massif dunaire. Les golfeurs y swinguent à volonté en direction de *Mor Braz* (l'océan). Le panoramique est ailleurs : sous le sémaphore du Grand-Mont (1888) qui veille face à la mer dans un décor de côte sauvage, les fidèles déploient leurs bannières au son des cornemuses. On est le 15 août, fête de Marie. L'occasion de cheminer sur la crête des roches au pied d'une immense croix édifiée à plus de 30 m au-dessus des flots. Et d'honorer saint Gildas dont la statue de pierre, elle aussi massive, niche face aux îles.

Saint-Gildas-de-Rhuys. L'ancienne abbaye des Bénédictins (XIe siècle) reconstruite, conserve un magnifique trésor d'orfèvrerie et la mémoire des ducs, dont la tombe d'Aliénor de Bretagne et de Jehanne, fille du duc Jean IV.
Croix reliquaire et bras vermeillé de saint Gildas, soulignent le trésor.
À droite : Le Grand Mont, coiffé d'un sémaphore, face au large. Et le petit Port aux Moines.

Séné

Rien que le passage en bateau par le chenal de Conleau, dernière pointe avancée de Vannes et l'entrée du golfe, mérite le détour.

L'œil est attiré par Port-Anna, à bâbord, et le chapelet de sinagots au mouillage, à tribord, au pied des murailles de Penboc'h. Ces voiliers ventrus en chêne massif de 13 m de longueur, à fond plat, non ponté et à coque noire, sont la fierté de Séné. Les habitants doivent leur nom depuis les temps héroïques de la flotte vénète. Le blason de la ville déploie la voile grenat et quadrangulaire de ce bateau singulier. Celui-ci claque au fronton du café *Aux joyeux Sinagots* à Cadouarn, où se perpétue l'âme d'un bar de village. Après des années d'absence, la fête des Voiles Rouges, doublée d'un Salon des arts et artisans, a fait son retour à Séné : bombardes, chants en breton, fest-noz sont à l'affiche... Un clin d'œil à la Semaine du Golfe (tous les deux ans) où l'un des derniers ports de pêche de la petite mer hisse rituellement ses couleurs. Il en est une immanquable, celle de l'imposante « Maison rose » qui culmine sur le chenal. Impossible, en effet, de changer la couleur de sa façade, car elle s'est

Séné. Le golfe au coucher du soleil s'offre en jardin de mer. Plus de 70 kilomètres de chemins côtiers et de randonnée, dont le célèbre « sentier des Sinagots » (bien nommé) entourent la commune. À gauche : Port-Anna.

faite « amer », c'est-à-dire repère pour marins filant de Vannes ou y revenant vers ou depuis Port-Navalo et le grand large.

De la proue des bateaux, on met le cap sur Boëdic, dont la chapelle, à la pointe, se découpe en dentelle au soleil couchant.

Côté terre, passé la cale de Barrarac'h, lieu d'accostage des passeurs de Vannes et de Conleau, Séné s'étire jusqu'à la pointe du Bill (école de voile à Moustérian) et Montsarrac où se dresse un calvaire (crucifixion et pietà du XVe siècle) qui fait face à la rivière de Noyalo.

La route permet de contourner la réserve naturelle des marais et d'atteindre le dolmen de Gornevez, découvert en 1878 et classé, depuis, par les Monuments historiques. L'église Saint-Patern, non coiffée d'un clocher recèle d'ex-voto marins. On s'y incline devant une statue de saint Cornély.

Au Moyen Âge, Séné a été rattaché au domaine ducal, d'où la prolifération de seigneuries locales. À la Révolution, elle supporta la cause chouanne. Autre singularité de Séné : son champ de courses, toujours en activité, mis en lumière par une peinture de Jean Frélaut.

Séné. La chapelle Saint-Joseph sur l'île (privée) de Boëdic. Elle ouvre la sortie du golfe après Conleau et Port-Anna vers les portes du large. À gauche, non loin des marais qui serpentent vers Noyalo, l'anse de Moustérian et son école de voile.

Surzur

Son blason fleuri et herminé rappelle sa double spécificité : agricole et maritime. Depuis juillet 2024, un logo approuvé par le vote (65,41 %) des habitants consolide son identité « entre terre et mer ». Il s'impose en marqueur de territoire. Une hermine, à gauche fait face à une coquille d'huître stylisée. La rivière de Penerf traverse Surzur. Elle baigne Le Tour-du-Parc jusqu'à Damgan, ouverte sur l'océan. Réputée pour l'ostréiculture, elle lui confère le statut de pays d'Armor au sein du PNR. L'étang de Noyalo est à quelques pas. Une maison de douaniers – comme à Séné – veillait à lutter contre la fraude des pêcheurs.

Si l'on y découvre des traces mégalithiques, on a aussi exhumé les restes d'un atelier de poterie du IVe siècle près de l'ancienne voie romaine qui conduisait du pays des Namnètes (le futur Nantes) à celui des Vénètes. Comme à Sulniac et dans les communes environnantes, on remonte aussi « le chemin des Templiers » (chevalerie de Saint-Jean de Jérusalem), issus de la Commanderie de Carentoir, située à l'orée de la forêt de Brocéliande.

L'église Saint-Symphorien, de style roman, abrite un tableau de *Vierge à l'enfant*. Il est signé Xavier de Langlais (Langleiz), artiste du pays et figure majeure des *Seiz Breur* qui illustra (gravures sur bois) plusieurs tomes du *Roman du roi Arthur*. Ses descendants habitent toujours le manoir de Kohanno (XVIIe siècle).

La fontaine de Sainte-Anne Grappon (XVIIIe siècle), posée à Le Cosquer, et l'une des plus belles du « Bro Gwened », le pays vannetais. Édifiée sur une « éminence » (un tertre) qui domine le marais, elle est chaque 26 juillet le théâtre d'un Pardon traditionnel. Sur la bannière, on lit : « *Santez Anna pedet aveit omb* » (Sainte Anne, priez pour nous). Au coucher du soleil, les fidèles n'ont plus qu'à gagner le Fest noz à biniou-kozh, chants et bombarde, non loin du pressoir de *Ti chistr* (la maison du cidre) au lieu-dit Lamblat.

Située à deux pas de la rivière qui mène au golfe, au sommet d'un tertre (« mené ») qui lui a donné son nom – *Graz er pont*, la colline du pont – culmine la chapelle Sainte-Anne Grappon. Un retable-lambris et un tableau de la Sainte Famille ont fait sa renommée. On y célèbre sainte Anne le 26 juillet (procession et Fest noz). Érigée au lieu-dit Le Cosquer (XVe siècle) la chapelle est flanquée d'une fontaine, l'une des plus belles du *Bro Wened*, le pays de Vannes. Elle se compose de quatre colonnes et d'une toiture pyramidale en pierres.

Theix-Noyalo

L'hippocampe stylisé, label symbolique du PNR (parc naturel régional), donne à Theix-Noyalo la fenêtre maritime qui la fait classer en commune de l'Armor, bien qu'un riche héritage agricole l'adoube aussi des valeurs de l'Argoat, territoire « vert ». Ces deux communes distinctes à l'origine ont été réunies en 2016.

Côté terre, elle partage avec Sulniac le patrimoine profane et sacré de Le Gorvello. Une statue de saint Vincent Ferrier, apôtre du *Bro Gwened* (xve siècle) loge dans une niche de son clocheton. Le prédicateur arrivé de Valence (Espagne) passa au Moustoir-Lorho en 1418. La chapelle de Brangolo réunit les fidèles lors des pardons traditionnels. Ici, on honore saint Michel en juillet ; là, saint Léonard en son prieuré du xve siècle à la fin août ; ailleurs sainte Barbe.

La Vierge est priée, le 15 août (fête de Marie), en la chapelle Notre-Dame La Blanche devant un retable de la pietà en pierre blanche et aussi à la grotte de Pont-Roz, prélude aux Festoù Noz rituels.

Le manoir du Plessis-Josso et la chapelle Saint-Roch, trônent en majesté sur la commune. Son enceinte à parapet crénelé et le chemin de ronde rappellent l'ère de son bâtisseur, Sylvestre Josso, écuyer de Jean III. Le moulin du château (1783), actionné par l'eau de l'étang, doit tout à la famille de Rosmadec ainsi qu'en témoignent leurs armoiries. Celles de François Ier, duc de Bretagne, sont sculptées au fronton du manoir de Tréduday.

Côté mer, le moulin à marée de Kerentrech (littéralement le village du passage) bâti en 1460, détruit lors de l'élévation de la digue qui surplombe l'étang de Noyalo (créé en 1962 et d'une superficie de 67 ha) a été reconstruit sur ses fondations d'origine en 1991.

La Maison de L'Isle (xve siècle), elle aussi réhabilitée, présente un corps de bâtiment flanqué de deux ailes. Le parc de Brural (7 ha de loisirs) mène au domaine maritime via le pont de Noyalo.

Les Brigitte se pressent au pied de *Santez Berc'hed* (en breton) dont la statue en pierre polychrome fait honneur à la chapelle Sainte-Anne. Une croix celtique – Brigitte est le pendant féminin de saint Patrick, patron de l'Irlande – est érigée dans le cimetière communal. La culture bretonne est vivace à Theix-Noyalo (*Teiz-Noyaloù*) à travers *Glad ha sevenadurioù* (Bretagne, culture et patrimoines).

Le moulin à marée de Theix-Noyalo (reconstruit en 1991) après la mise en barrage de l'étang, a connu divers épisodes depuis sa première pierre (xve siècle). Il dispose d'une chaussée parallèle à la digue.

Theix-Noyalo dispose d'un nombre notable de manoirs. Le château du Plessis-Josso (privé) reposait sur 600 ha de terres seigneuriales au XVIe siècle. Son enceinte crénelée et son moulin créés à l'époque de la famille de Rosmadec en font toujours un lieu remarquable de l'histoire bretonne.

Le Golfe ou l'antichambre rêvée du « Grand bleu »

Par **Gilles Martin-Chauffier**

Dès leur apparition, les Vénètes ont vu grand. Bien calés au fond du golfe, ils ont fait de leur port une caverne d'Ali Baba. Un tapis roulant de courants portait les cargaisons jusqu'à l'abri de leurs fortifications. Solidement appuyés sur la houle, assis sur l'eau, l'étrave de leurs hauts navires avalait les vagues, se soulevait sans crainte et s'affalait sur l'océan comme sur des plumes. L'huile de France et le vin de Bordeaux, l'étain du pays de Galles et le plomb de France, les charcuteries d'Armorique, tout passait par leurs entrepôts. C'est fou ce que leur capitale, qui deviendra la Darioritum des Romains, emmagasinait. Avec ça, très sûrs d'eux. Le Sénat de la ville regardait de haut les légions romaines en manœuvre à travers la Gaule. Quand César a réclamé un tribut, l'assemblée a souri. La guerre a mal tourné. Faute de vent pour la manœuvre, leurs lourds vaisseaux se sont fait embrocher par ces maudites petites galères. Et, de centre commercial, le golfe est redevenu une sublime flaque poétique, pleine d'îlots, de fleurs, de rêveries et de bonne poiscaille. Un avant-pays de rêve : pas de haies impénétrables, de ronces enchevêtrées, de chemins boueux, de purées de feuilles mortes, de branchages dans la gadoue, de murets déchaussés, de reliefs de troncs, d'amas de broussailles ; juste un calme et un silence de premier matin du monde.

Le golfe est un rêve, l'antichambre du « Grand Bleu », une petite mer de famille où des vagues paresseuses s'étalent avec langueur sur la côte, se glissent entre les rochers, lézardent sur le sable. L'hiver, à l'aube, sous une flotte de nuages légers et pressés, le flot, lisse comme un écran et ciré comme un parquet, décline cinquante nuances de gris. Dans le calme voluptueux du froid, un poème de brumes et une vapeur de pluie éparpillent une poudre d'eau aux gouttes souvent impalpables. C'est notre cher crachin. De Noël à la Toussaint, quatre ou cinq fois par jour, le golfe ouvre ses ailes, hisse un pavillon doré et étincelle d'écailles d'argent, de nacre et d'émail. Sur les rives, les branches se penchent vers l'eau pour épouser la marée qui plisse et déplisse ses vaguelettes. On vit dans un poème aux rimes libres. Un rayon de soleil et tout s'illumine. Un nuage et le spectacle baisse le rideau. Jamais longtemps.

Durant des siècles, en ville, les congrégations religieuses, les religieuses à cornettes et les curés en soutane ont parfumé les rues de Vannes d'une odeur de sacristie, mais, sur la côte, le long de la Rabine (promenade ombragée aux portes du Stade éponyme), dans les petits ports, des forêts de mâts raides, sombres et squelettiques se dressaient dans un concert d'écoutes qui grincent, d'aussières et de drisses qui claquent.

La pêche était notre douleur et notre trésor. En 1880, quand l'Île-aux-Moines avait plus de 1200 habitants, le recteur avait établi une liste de ses paroissiens: trois d'entre eux connaissaient Paris, quelques dizaines Lorient, un bon nombre Vannes et plus de 400 étaient allés à Terre-Neuve ou Saint-Pierre-et-Miquelon. La navigation dans la peau. De l'eau salée leur coulait dans les veines. La vie des marins était un véritable bagne, mais, sur mer, ils étaient chez eux. Dès l'enfance, dans le golfe, on s'habitue aux courants et aux contre-courants qui créent tourbillons et remous. Et quels courants! Celui de la Jument, qui file de Port-Navalo jusqu'à Boëdic, passe pour le plus fort d'Europe. Je dis «passe pour», car les Normands, comme d'habitude, chicanent. Non contents de nous avoir subtilisé le mont Saint-Michel, ils prétendent que le raz Blanchard, au cap de la Hague, irait encore plus vite que notre Jument. À voir!

Dans le port de Le Bono s'entassaient des centaines de forbans, leur fameuse chaloupe de pêche; à Séné et à Vannes, les sinagots formaient des embouteillages... Je ne parle pas des corsaires, des capitaines au long cours et de tous ceux qui ont fait la légende du golfe et parsemé l'Île-aux-Moines et l'Île d'Arz de longues maisons de capitaines.

Le golfe n'a jamais été un paradis de cigales; plutôt une fourmilière à loups de mer. Pour autant, pas question de se laisser vivre chez ceux qui n'embarquaient pas. Tout autour de ses 110 km², on trouve des moulins à vent et d'autres à marée. Tous les coins et recoins abritent également des parcs à huîtres. Pendant longtemps, les Belons ont été chez eux dans nos eaux. Le golfe était le royaume de l'huître plate. Paix à elle. La creuse l'a remplacée. Et prend toujours autant de place sur le cadastre maritime. On leur doit les milliers de branches noires qui piquettent l'horizon à l'ancienne. Mais attention, juste à côté, à Vannes, autour du chantier Multiplast, une quantité d'entreprises inventent la navigation du futur, une sorte de vol sur foils en matériaux composites. Et là, trêve de poésie, on baigne dans le XXIe siècle. Les Sodebo, Gitana, Paprec, Groupama et autres ont été conçus ici. De la haute technologie qui a même servi pour le dôme de la nouvelle cathédrale orthodoxe de Paris. Nos vieux évêques seraient contents: Vannes vogue sur les lames et les âmes.

Dans le golfe, cela dit, l'activité majeure est désormais le tourisme. Il y a 5000 ans, les archéo-celtes en avaient déjà fait leur villégiature préférée. Aucune région d'Europe ne possède autant de menhirs, de dolmens, de cromlechs. Les mauvais esprits peuvent bien dire qu'il pleut quatre jours sur trois, il y a des lustres qu'on vient de loin pour profiter de nos décors. On y compte plus de 7000 mouillages. Dans les anses et les baies, à l'abri du vent, les corps morts pullulent avec, fatalement, les demandes d'occupation au Domaine maritime puisqu'on est en France, paradis des détails administratifs. Au Crouesty, à l'automne, pendant Les Mille Sabords, le plus grand Salon de bateaux d'occasion, les coques encombrent jusque l'intérieur des rues. Ici aussi, la vie s'appelle «dolce vita». Sur toutes les rives, d'Arradon au Logeo, de Locmariaquer à Larmor-Baden, des tables de restaurants rigolardes se régalent les pieds dans l'eau. Le golfe du Morbihan n'est pas seulement l'antichambre de Vannes, c'est sa boîte de jour pour le plaisir comme il y a des boîtes de nuit pour la fiesta. Ce n'est pas seulement le paradis des mouettes et des goélands, c'est juste un étang divin parsemé d'îlots fleuris où va et vient une mer apprivoisée à la mécanique d'horloge suisse, dont la marée basse, par pleine lune, tombera à midi juste. C'est chez nous, chez Armel Le Cléac'h et chez des vieilles dames à coiffe blanche, chez les Vénètes, les plus fiers des Armoricains et les mieux lotis, bienheureux dans leur archipel béni des dieux.

Vam

nes

Capitale des Vénètes deux fois millénaire

Et si l'Histoire se jouait sur une risée ? Ainsi commence le roman de poche d'un rêveur d'Histoire revisitée*. Et si les galères de Brutus, donc, n'avaient pas bénéficié d'une chute brutale des vents ayant encalminé les lourds voiliers de la flotte vénète ? César relata sa victoire navale dans *La guerre des Gaules* (56 avant J.C.). Et s'il avait été coulé dans les flots du futur pays d'Arvor ? Le rêve est passé : *Vae Victis*, malheur aux vaincus ! Vannes (*Gwened* en breton) retrouvera sa liberté post-romaine en partie sous l'influence des Gallois et des Cornouaillais fuyant Angles et Saxons à partir du ve siècle. Auparavant, ayant perdu leur sénat et leurs guerriers vendus en esclavage, le peuple des Vénètes avait vu s'ériger la Civitas Venetorum, avec Darioritum (le gué bouillonnant), pour capitale. Elle s'étendait au confluent de trois collines : Le Mené, Boismoreau, La Garenne, hauts-lieux du Vannes de toujours, notamment de Patern premier évêque (l'un des sept saints fondateurs de Bretagne). L'époque du duché de Bretagne assoit la prospérité de Vannes. On la doit surtout à Jean IV, vainqueur de la guerre de Succession au trône (xive siècle), qui érigea les remparts de la Ville. À Jean V, son fils, au connétable Arthur de Richemont, dont la statue équestre veille sur l'Hôtel de Ville... À l'époque de la révolte du « papier timbré », sous Louis XIV, Vannes fut même considérée capitale de l'ancien duché devenu province. Par l'art de vivre qui la caractérise, on qualifia la préfecture du Morbihan de « belle endormie ». C'était hier. Les temps modernes en font une cité très prisée autour d'un port de plaisance animé, stylisé et d'entreprises de technologie de pointe. Enrichie d'une population rajeunie et d'une floraison estudiantine, elle vibre de créativité.

**La victoire navale des Vénètes d'Armorique* (roman), Jacques Donald de Certaines. (Association Mor er Wenediz).

Crêperie
du Port

Pages précédentes

Comme son nom l'indique, la Tour Poudrière, située à peu près au milieu de la Tour Joliette et de celle du connétable (Richemont, duc de Bretagne), rappelle la courtine médiévale destinée à défendre la Cité médiévale. Les remparts de Vannes prolongés jusqu'au château de l'Hermine courent sur mille mètres et surplombent des jardins à la française ouverts au public.

Les maisons à pans de bois sont un legs du Moyen Âge. La plupart aux colombages à croix de Saint-André, lourds surplombs et encorbellements datent des XVIe et XVIIe siècles. On en compte plusieurs centaines, notamment autour de la place Henri IV, de la cathédrale et quartier Saint-Patern. Ici, avec gwenn ha du (le drapeau breton herminé).

Rive droite. De nombreuses maisons à pans de bois, harmonieusement colorées, bordent cette rive du port. La plus ancienne (numéro 34) remonte à 1509. La plupart appartenaient à des armateurs liés au commerce maritime. Bien conservées et embellies, elles accueillent nombre de restaurants et crêperies.

La Porte Saint-Vincent. Les armoiries de Vannes (l'hermine passante des ducs de Bretagne) sont sculptées dans le granit. Elles sont surmontées dans une niche centrale par une statue de saint Vincent Ferrier, le doigt levé, signe du prédicateur. Cette porte conduit à la vieille ville à partir du port.

Les lavoirs bordent la Marle. Créés en 1820 sur d'anciennes douves, au pied des remparts, ils ont été remarquablement restaurés et mettent à l'honneur le style des maisons traditionnelles à pans de bois et auvents d'ardoises. Pendant 140 ans, ils ont accueilli de nombreuses lavandières s'interpellant agenouillées à même les dalles de granit. Lavage rimait alors avec trimage et commérage !

« Vannes et sa femme ». Mais qui est ce couple goguenard, à face joviale, sculpté en pierre peinte sur une maison à colombages, face au Château-Gaillard, le plus ancien hôtel particulier de la ville ? Le mystère reste entier. Il draine touristes et photographes.

Vannes et
sa femme

ECHOPPE
ST
GUENHAEL

OPEN

La rue Saint-Guenhaël (en breton traditionnel Gwenhaël ; en français : l'ange blanc) moine breton dont la cathédrale possède des reliques ; calée contre celle-ci, garnie d'échoppes, elle descend vers la place Brûlée et mène à la Porte Prison, l'une des entrées de la ville adossée aux remparts.

La cathédrale Saint-Pierre

Il a fallu cinq siècles (XVe–XIXe siècles) pour donner à Vannes une cathédrale en majesté, sise en cœur de ville entre les maisons à pans de bois. Dix siècles après le concile de 465, les clergés locaux se disputaient encore les reliques de saint Patern, l'un des sept saints fondateurs de la Bretagne. La canonisation de saint Vincent Ferrier (1454), prédicateur venu de Valence (Espagne), mort à Vannes, suscitait de nombreux pèlerinages. On leur doit l'essor de la cathédrale (dix chapelles latérales autour de la nef centrale). Vincent Ferrier, dont une sculpture, la main droite élevée est nichée face au port, est partout dans la cathédrale : son retable jouxte celui de saint Guenhaël (l'ange blanc) et de saint Patern en habits épiscopaux ; on y contemple plusieurs huiles sur toile, comme celle de l'entrée du prédicateur en 1418 accompagné du duc

La cathédrale Saint-Pierre, nef à dix chapelles. Ses premiers vestiges remontent au XIIe siècle. Plusieurs fois rénovée (c'est en cours à nouveau jusqu'à 2027), elle a bénéficié d'une réfection néo-gothique à la fin du XIXe siècle.

Jean V, né au château de l'Hermine voisin ; des tapisseries illustrant ses miracles et les vestiges du tombeau originel (transféré). On y trouve le manuscrit du Pape Calixte III concluant l'enquête en canonisation du saint. Entre autres trésors, on y admire des gisants de célébrités ecclésiastiques, la plaque des tombes des duchesses, Jeanne de France, épouse de Jean V et Isabeau d'Écosse, fille du roi d'Écosse Jacques Ier, épouse du duc François, l'un des aïeux par la branche maternelle d'Anne de Bretagne. Outre le maître autel en marbre de carrare, la cathédrale (en rénovation) s'orne du retable de saint Louis, d'une croix calvaire et les vestiges d'un cloître du XVIIe siècle dans les jardins, côté nord.

Tandis que s'ouvre aux fidèles le grand porche occidental sculpté, il n'est pas une grand'messe qui ne se termine sans l'harmonie de l'orgue et de la bombarde, notamment pour accompagner le cantique à Sainte-Anne : *Santez Anna Rouanez an Arvor* (Reine du pays d'Arvor).

Classé monument historique en 1993, l'Hôtel de Limur (ancien hôtel des Douves construit à la fin du XVIIe siècle), tire son nom de la famille de Limur qui y résida de 1820 à 1947, date à laquelle la Ville l'acquit. Elle le céda un temps à l'État. Elle y a installé le centre d'interprétation de l'Architecture et du Patrimoine et du Pays d'Art et d'Histoire.

La Cohue. *Koc'hu* en langue bretonne, rue des Halles et face à la cathédrale. En attendant le futur grand musée national érigé au château de l'Hermine – où l'on a découvert une partie du logis du duc Jean IV (42 x 17 m) – il accueille de nombreuses collections. Ici siégea le Parlement de Bretagne (1675-1690).

Le Château-Gaillard (XVe siècle), façade effilée, tourelle polygonale, (en réfection), abrite le Musée d'histoire et d'archéologie, riche en collections issues du néolithique. On le doit à Jean de Malestroit, chancelier du duc de Bretagne, évêque de Nantes alors capitale du duché. Il abrita l'administration du Parlement de Bretagne et la Société Polymathique du Morbihan.

« Ici-ici-c'est-la-Rabine ! »

Grisé par le titre de « Champion de Pro D2 » 2024, le public du rugby à Vannes n'en finit plus de pousser son cri de guerre : « Ici-Ici-c'est-la-Rabine », faisant du stade éponyme, une sorte de camp retranché, porteur d'invincibilité. La clameur suit le Rugby club de Vannes sur tous les terrains où les Bretons disséminés font du RCV leur ambassade sportive et culturelle, un symbole d'enracinement. Le RCV véhicule les valeurs armoricaines qu'évoque l'hymne chanté à pleins poumons au coup d'envoi des matchs joués à Vannes : Le *Bro Gozh Ma Zadou* (Vieux pays de nos pères) inspiré par le *Hen Flad Fy Naddhau* du pays de Galles (terre inter-celtique, une cousine de la Bretagne). Le vénérable *Times* ne s'y trompe pas. Saluant l'arrivée du premier club professionnel breton dans l'élite du « Top 14 », il lui a consacré une pleine page, suggérant au passage que l'atmosphère du stade de la Rabine, écrin de centre-ville à deux foulées du port, avait quelque chose des arènes sportives d'Écosse ou d'Irlande. Même le *Midi Olympique*, le journal quasi officiel du rugby français, a salué cette arrivée en « Top 14 » en offrant toute sa Une au RCV, sur fond de *Gwenn ha du*, le drapeau breton blanc et noir herminé. La saison s'est ouverte sur un impossible défi face au Stade toulousain, meilleur club européen, sinon du monde. Un match de gala, donc, mais nullement l'enjeu d'une saison et moins encore de l'avenir. *Gwened war Raok!* (Allez Vannes !)

Le vénérable *Times* a comparé le stade de la Rabine à ceux des clubs d'Irlande ou d'Écosse. Les fidèles du Rugby club de Vannes venus de toute la Bretagne ont fait du RCV une ambassade armoricaine. Champion de France de « Pro D2 », il a gagné sa place dans l'élite où, la sportivité du public fait l'admiration générale.

VANNES
TRIBUNE
Fid'ouest
KASINO
VANNES
KASINO

d'aucy
10

Vannes 3.0

En 2017, l'Association « L'Art prend la rue » développe un projet culturel qui reçoit spontanément le soutien de la ville de Vannes. L'idée consiste à créer un lieu artistique sur le port, Rive Gauche, dans un ancien bâtiment administratif en friche, quasiment les pieds dans l'eau. Ainsi naîtra *DéDaLe* (aujourd'hui *Le Bref)*, entre exposition d'art urbain et contextuel, libre et éphémère par nature. Le tout, sur quatre niveaux. Les visiteurs s'y presseront dès l'ouverture en 2018 (18 000 dans les trois premiers mois). Au rez-de-chaussée le *DéDaLe Café*, unique au sein d'un site artistique atypique, devient lieu de détente, de loisirs, de concerts, d'ateliers, de conférences et de rencontres. Ville multigénérationnelle, Vannes compte 10 000 étudiants et lycéens qui en ont fait un de leurs QG.

C'est à l'artiste portugais Pantonio, né aux Açores, spécialiste de l'art urbain et réputé pour ses créatures marines en mouvement, que l'on doit la fresque murale du bâtiment. Le décor du *DéDaLe Café* s'inspire des Néréides, nymphes marines de la mythologie grecque. Deux artistes bretonnes, Erika Raio et Mélanie Busnel ont créé « Encre fertile ». Elles offrent une touche nomade et poétique à l'ensemble.

Le port. Il est magnifiquement encastré au pied de la ville basse (Porte Saint-Vincent). La rive gauche et ses pubs fait la joie des étudiants. À partir du Quai Tabarly, on rejoint le port de commerce et la zone d'activités technologique avec pour fleuron le chantier Multiplast, créateur des voiliers de course les plus performants.

Conleau

Lors du relevé du cadastre de 1810, l'île de Conleau n'a pour bâti que la cabane du passeur. Pour quelques sous, celui-ci godille à la rame entre la cale et celle de Port-Anna (Séné) qui lui fait face à l'entrée du golfe. Deux associés s'en rendent propriétaires en 1876, dont un certain François-Marie Rouillé, originaire d'Hennebont. Son frère, Vincent (une rue de Vannes porte son nom) voit grand. Ils désenclavent l'îlot en construisant une digue le reliant au continent. Surgit un projet de station balnéaire, à trois kilomètres seulement du centre-ville. On y érige cinq chalets destinés aux baigneurs, mais aussi un restaurant-café Casino, puis une piscine d'eau de mer. Dans leur jeunesse, les écrivains Michel Déon et Jean d'Ormesson barbotèrent dans « le bassin de la Grenouillère », dit aussi « le petit lac salé ».

De nos jours, un hôtel à deux restaurants (*Le Roof*), une brasserie labellisée « 1930 » et une auberge traditionnelle *Le Corlazo* (nom d'un poisson familier) accueillent les touristes. Là se tenait la cabane aux générations de passeurs. La reproduction d'un plan d'époque en couleurs, y vante les chalets et l'embarcadère pour les îles du golfe, les excursions journalières terrestres et maritimes. À l'époque, il fallait 9 heures, en train, pour venir de Paris à Vannes avant de pouvoir héler l'omnibus pour Conleau devant l'hôtel du Commerce.

Conleau est la station balnéaire de première proximité (3 km) pour les Vannetais. Naguère, c'était une île. On y accédait via un passeur en barque. Aujourd'hui, la rivière de Bernus est le mouillage favori des plaisanciers.
Les plus jeunes apprécient sa piscine de mer (à gauche).

La petite plage de Conleau face à Moréac qui conduit par la route côtière jusqu'à Arradon. Elle est au pied d'un domaine hôtelier.

De la cale, on peut embarquer vers Séné (sur l'autre rive) et rêver à l'échappée belle vers les îles du golfe, puis le large (*Mor braz*).

La Semaine du Golfe

Avec Anne-Claire Coudray (TF1) pour marraine et l'écrivain Yann Queffélec, prix Goncourt, déjà parrain du Salon littéraire Livr'à Vannes / *Levr e Gwened*, la onzième édition de La Semaine du Golfe calée lors des fêtes de l'Ascension 2025, hisse haut et fort voiles et pavillons, dont le golfe du Morbihan est l'écrin naturel. À chaque biennale sa nouveauté. Douze flottilles distinctes, de « la belle plaisance » aux yoles de mer et bateaux de travail (sinagots, cotres, dundees, armements de pêche) sont de la fête. Ils seront environ 1200 à naviguer dans la « petite mer » et au-delà. La nouveauté, vient de l'association avec « Paysages de mégalithes », qui se bat depuis plus de dix ans pour obtenir, enfin, l'inscription à l'Unesco du patrimoine néolithique, dont le Morbihan est si riche. Avant la « Grande Parade », bouquet final, toutes voiles dehors, le 31 mai, un pardon naval met à l'honneur Houat et Hoëdic, les îles du large qui se découpent à l'horizon de *Mor Braz* (l'Océan).

Chaque soir, les ports de 19 communes aux pieds dans l'eau sont à la fête : Rock'n'Roll en guise de roulis et de tangage, concerts, chants de marins, mais aussi ballet de cornemuses et danses celtiques font vibrer l'Armor, comme à l'heure du Festival d'Arvor. La joie en « bleu ». Des dizaines de musiciens et des milliers de visiteurs venus de l'Argoat (le pays vert) festoient sur les quais. Ainsi le golfe du Morbihan, symbolise bien l'unité *Glas*, entre vert et bleu. Unique.

Le Golfe du Morbihan a donné naissance à l'association des « Plus belles baies du monde ».

Elle compte vingt-cinq pays et quarante-trois baies autour des cinq continents. Elle fêtera ses 30 ans en 2027.

Mille deux cents bateaux, douze flottilles pavillonnées par séries font de La Semaine du Golfe (à l'Ascension) une fête maritime biennale qui met 19 communes en joie. De petits voiliers de moins de 5 mètres aux Yachts classiques et quillards de régates, le golfe parade.

Vannes, cœur battant du pays d'Arvor

Par **Patrick Mahé**

Par quelle providence – *a-berzh Doue!* – Vannes reste-t-elle le cœur battant du pays d'Arvor? Comment perpétue-t-elle, à l'ère moderne, plus d'une parcelle des gloires du duché de Bretagne?

Sur le port, largement ouvert aux voiliers de plaisance, affluent visiteurs, promeneurs, étudiants et fêtards (Rive Gauche) par vagues de fond. Comme sur l'esplanade de l'Hôtel de Ville où trône la sculpture équestre d'Arthur III, y flotte le blason de la Cité: «De gueules à hermine passante, d'argent mouchetée de sable». Elle est immaculée sur fond rouge et parée à bondir, comme pour rappeler le temps où les rois de France et d'Angleterre venaient assiéger la Ville.

L'hermine est le nom du château éponyme, futur musée national, où séjournèrent les ducs. Jean V, y est né; François Ier y mourut, Pierre II, François II, père de la duchesse Anne...

Comme Rennes et son Parlement, Nantes et son château, Vannes, cité ducale, ne relevait que du duc. Dès l'acte d'Union du duché au Royaume (1532), Vannes fut déclarée «3e bonne ville Bretonne».

L'hermine rappelle aussi comment Jean de Montfort (Jean IV), vainqueur de la guerre de Succession au trône de Bretagne (1364) eut tant plaisir à la répandre dans le blason du duché. Il en fit graver l'empreinte dans ses monnaies d'argent. La rue de la Monnaie, abritait l'atelier des monnaies du duché de 1237 à 1488. Ces pièces portaient la lettre «V» (Vannes), griffe d'origine.

En 1381, Jean IV fonda un ordre de chevalerie, ouvert aux femmes et aux hommes remarquables. Il l'appela l'Ordre de l'Hermine. L'Institut culturel de Bretagne (*Skol Uhel Ar Vro*) qui siège rue de la Loi, a ressuscité cette distinction civile en 1972.

Les rues du cœur de Vannes, riches en maisons à pans de bois et encorbellements, parlent d'elles-mêmes. Savantes poutraisons de chêne et pignons granitiques, elles remontent au Moyen Âge. Une ceinture pavée d'étroites artères enserre la cathédrale Saint-Pierre, déroulant leur identité en panneaux bilingues (français et breton). La rue des Vierges? Ici se tenait une tour ayant servi de prison pour femmes au XVe siècle. On les surnomma: «les vierges folles». Devenue dépôt de poudre, le nom resta dans les usages mais la tour prit celui de «tour poudrière»... La rue des Trois duchesses? Au XVe siècle, il y avait trois douairières de Bretagne: Isabeau d'Écosse, veuve de François Ier ; Françoise d'Amboise, veuve de Pierre II; Catherine de Luxembourg, veuve du duc de Richemont (Arthur III)... La rue Saint Guenhaël? (de Gwen-Aël, l'ange blanc). Le transept est de la cathédrale, abritait le tombeau de ses reliques (mort au temps du roi Waroc'h II, vers 580). La porte des Ducs, à la sortie de la cathédrale, donnait sur cette ruelle. Ainsi hérita-t-elle du nom du saint homme. Il en est de même autour de la place Cabello, au pied de Saint-Patern, « le Montmartre vannetais by night », nom de l'un des sept saints qui ont créé la Bretagne historique voilà mille six cents ans. On y accède par la rue du Mené (de Menez, le tertre), la plus commerçante de la ville.

Le cœur de Vannes bat au rythme de ses portes, de ses tours, de ses remparts. Il vibre à l'appel du port, ouvert en vaste corolle animée par les terrasses souvent surpeuplées au soleil. La promenade de la Rabine, rénovée et joliment arborée, aimante les familles déjà attirées par l'harmonie des voiliers amarrés.

Passée la Pointe des Émigrés (fusillés dans les vasières, en 1795, sous l'ordre de Hoche et de Tallien après le débarquement royaliste à Quiberon) le chemin bordé de chênes et de conifères conduit à la presqu'île de Conleau, plage dorée, mouillage apaisé : ici s'ouvrent les portes du golfe.

La Cité, elle, en compte six. La première, face au port, est dédiée à saint Vincent Ferrier, un Dominicain espagnol, né à Valence. Pratiquant le breton, il multipliait les guérisons. On lui attribue près de 900 « miracles ». Inhumé en la cathédrale (1419), il fut canonisé par Pie XII. Sa statuette domine la Porte. Elle fut troquée à la Révolution par celle d'un garde national. Il a repris sa place et, doigt levé, veille sur « sa » ville. La Tour trompette occupée par les Espagnols au temps de la Ligue, servit de logement au « trompette » de la Ville. Certains rêveraient d'y voir un sonneur du Bagad Melinerion saluer l'appel quotidien à l'hermine du château voisin.

Remontant vers les remparts, après la Porte Calmont, l'on pénètre par Poterne au cœur de la vieille ville : la place des Lices. Sous les yeux de Jean IV, s'y livra un combat mémorable « à armes nommées » (lance, épée, hache et dague) le tout à pied. Il opposa cinq chevaliers britto-français à cinq chevaliers pro-anglais, dans la lignée du mythique « Combat des Trente », disputé trente ans plus tôt (1351) aux portes de Ploërmel lors de la guerre de Succession.

Montant la rue des Halles (La Cohue, *Koc'hu* en breton) on aborde la Place Valencia, si rustique. Le temps d'une photo illustrant « Vannes et sa femme », énigmatique sculpture en pierre polychrome sur une façade à colombages (XVIe siècle), le chemin mène à la Place Henri IV, qui fut celle du marché au gibier. La Porte Prison, celle de Saint-Jean et de Notre-Dame complètent un tableau admirablement préservé.

Quatre tours dominent. La plus emblématique est celle du connétable Richemont (Arthur III) fils cadet de Jean IV, celui qui trône, à cheval, sur deux tonnes de bronze place de l'Hôtel de Ville.

En 1828, Vannes comptait 1040 maisons. En 1900, c'était une petite préfecture « un peu endormie » de 20 000 âmes. Aujourd'hui, près de 55 000, bien réveillées. Grâce soit rendu à la Société Polymathique (créée en 1826) de s'être dressée contre le préfet qui voulait abattre les remparts de la ville en 1860. Puis à un bradeur de l'Histoire, acharné à démolir la Porte Prison. Plus tard « Les Amis de Vannes » sauveront des pans de l'intra-muros menacés par les avant-gardistes du nivellement déstructuré, tandis qu'un Hôtel de Ville néo-Renaissance (inspiré par celui de Paris) sera inauguré en 1886.

Qualifiée de ville aux trois « B » : bigots pour ses congrégations religieuses ; bourgeois, pour une catégorie d'habitants ; biffins pour les régiments qui y stationnèrent) et un « P » pour potaches de Lycées réputés (Saint-François Xavier, Saint-Paul, Jules Simon) et désormais l'Université de Bretagne Sud. Vannes poursuit son aggiornamento patrimonial (l'Hôtel de Limur, chapelle Saint-Yves) et industriel : le pôle d'excellence nautique (chantier « Multiplast », « North Sails ») dans le Parc industriel du golfe et la technopole (projets innovants). Elle le fait dans le respect de la grande Histoire, qui reste sa marque. Et ce, sous les clameurs du stade, écrin du rugby champion (Pro D2 2024) : « Ici - Ici, c'est la Ra-bi-ne ! »

Arg

oat

Ses terres, landes et forêts

Au nord de Vannes, les crêtes de Grand-Champ et les landes de Lanvaux tracent le sillon de l'Argoat morbihannais, lequel s'étend à l'ouest en direction du *Kreiz Breizh* (Centre Bretagne), de sa Montagne noire et des Monts d'Arrée. À l'est, on court vers Brocéliande, où survit le mythe du roi Arthur et des chevaliers de la Table Ronde. L'Argoat est une richesse immémoriale. Si le mot Armor et sa douce mutation en Arvor se traduisent en pays de la mer, l'Argoat désigne la Bretagne intérieure, ses bois – *ar koad (ar coët* en vannetais) ses champs à grès durs, ses forêts profondes. Le roi Morvan, l'un des premiers chefs d'une Bretagne unifiée (VIIIe siècle) chevaucha ses sentiers mystérieux. De nos jours, Plescop dédie un festival à sa noble figure. *Ar Roue Stevan* – (le roi Stevan), Nostradamus des chemins creux au XVIIIe siècle– a légué son nom aux rues de plusieurs villages, Baden, Meucon. La seigneurie de Largoët, fit de ces forêts opaques son terrain de chasse et de défense du duché. Plus tard, la princesse Baciocchi (nièce de Napoléon Bonaparte), dite la princesse fermière, fit sortir le village de Colpo – où elle décéda en 1869 – d'un ensemble de 500 ha de terres non cultivables truffées de vestiges néolithiques. Ici, les Chouanneries sauvegardèrent le grenier à blé du pays vannetais. Là, prémices au maquis de Saint-Marcel, les Résistants, notamment FFI, firent reculer l'Occupant en 1944. Aujourd'hui la ligne SNCF à grande vitesse permet de relier Paris à Vannes en 2h30. Il en fallait six, naguère, avant que l'écrivain Sébastien Le Fol, originaire de Le Gorvello, découvre le versant est de notre Argoat. Expatrié à Paris, il rêva longtemps sous le tableau des départs à la gare Montparnasse. À 18 ans, il retrouva ses racines : l'« Argoat » de sa vie. Et de ses rêves.

Brandivy

Ancienne trève (*trev*, mot issu du gallois qui signifie hameau, paroisse) de Grand-Champ, elle est déclarée commune en 1862. On y retrouve la marque de Saint-Ivy, dernier des saints venus de Grande-Bretagne au VIIe siècle et patron de la Cornouailles britannique. Il a légué son nom à Pontivy (Morbihan) ou encore à Loguivy-de-la-Mer (Trégor).

On y rêve aux ruines du château fort construit en l'an 1000 par la seigneurie de Lanvaux qui siégeait aux États de Bretagne. Il culminait au-dessus de la vallée du Loch et fut détruit à l'issue de la guerre de la Ligue (1588-1598). La huitième et dernière guerre de Religion opposant catholiques et protestants huguenots. Au XIVe siècle, le duc Jean IV déposséda les Lanvaux de leurs biens.

D'illustres familles et figures de l'histoire bretonne (dont Du Guesclin) séjournèrent au château de La Granville, autre site mémoriel. Outre la plaque des reliques du père Ruaud, premier abbé de Lanvaux, on y trouve un magnifique calvaire de granit, une stèle à la mémoire de Résistants et une insolite tombe des Sept Trous. Elle illustre la légende d'un prêtre décapité (XVIe siècle), dont la tête aurait rebondi sept fois sur le sol… où l'herbe ne repousse jamais. Des croix garnies d'ex-voto l'encerclent. À partager : le « Grand Pardon » chanté en breton le deuxième dimanche de septembre.

Pages précédentes

Au Moyen Âge, la vallée du Loc'h, rivière verdoyante baignant Brandivy, était coiffée par plusieurs mottes féodales. Des vestiges subsistent autour des ruines de l'ancien château fort de Castel Guen. À l'image des landes de Lanvaux, la vallée qui ceinture L'Étang de la Forêt (espace naturel de détente) garde la trace de larges étendues boisées.

On appelle le site de Kerjagu, hameau qui jouxte au sud le village de Colpo, tantôt « champ des korrigans », tantôt « champ des esprits follets ». Il s'agit d'une allée couverte dont la dalle et le menhir remontent au néolithique.

De nombreux mégalithes jalonnent les Landes de Lanvaux (forêts, pâturage, fourrage, etc.) prises ici sous la brume matinale. Elles s'inscrivent dans la continuité du Sillon de Bretagne, formant une crête sur une soixantaine de kilomètres. Elles culminent à 175 m à l'ouest de Colpo.

Ancienne possession des seigneurs de Largoët. Brandivy est lieu de promenade et de grand Pardon en août. La chapelle Saint-Laurent est du xvie siècle. Celle de Notre-Dame de Lourdes, calée devant une grotte, rappelle celle de Massabielle à Lourdes (où la vierge serait apparue 18 fois). Elle est contemporaine et naturellement dédiée au culte de Marie.

Colpo

En breton vannetais, la chaume se dit *Kolpeù*. Le mot a donné son nom au village sis en vallée de La Claie. Son blason est frappé d'un sapin opulent, signe d'attachement aux bois et forêts des « Landes de Lanvaux ». Le site mégalithique de Larcuste, au sud-ouest, est truffé de cairns (dolmens à couloir) et de tumulus. À Kerjagu, un autre dolmen nous replonge à l'ère mégalithique. Il en est d'autres encore, à Botségalo, lieu d'une bataille qui opposa les Résistants FFI aux Allemands en 1944.

Près de cent ans plus tôt (1854), la princesse Élisa Baciocchi, cousine de l'empereur Napoléon III, fit aménager plus de 500 ha de terres incultes parsemées de menhirs pour les rendre cultivables. Elle établit sa résidence à Korn-Er-Houët, ce qui incita l'empereur, douze ans plus tard, à créer le bourg.

La princesse finança son château, mais aussi l'église, l'école, la mairie, une maison de soins. Décédée à la suite d'un accident de cheval, en 1869, un petit mausolée honore sa mémoire dans l'église. On y trouve les armes de Mgr Bécel, évêque de Vannes qui l'avait bénie.

Les initiales de la princesse sont sculptées dans la pierre au-dessus de l'entrée du château, posé sur un parc de 17 ha. Il est désormais reconverti en salle de réception.

Le tombeau d'Élisa Baciocchi – dite Madame Napoleone – fille d'Élisa Bonaparte, sœur de Napoléon, surnommée « la princesse fermière ».

« Min Goh Ru » forme un ensemble de deux cairns (tumulus) de 8 x 13 m et de 27 x 30 m, sur le site mégalithique de Larcuste, qui s'étend aux portes de la commune de Colpo.

Elven

Naguère *Plou Elven*, selon le Patrimoine des communes du Morbihan. *Plou* signifiait paroisse lors de l'installation des Bretons insulaires (V^e^-VIe siècles). *Elf* ou *Elv* signifiant peuplier. Elven devient un fief du duché aux portes de Vannes. Auparavant propriété des Malestroit, le château de Largoët (XIIIe-XVe siècles) échoit à la Maison des Rieux impliquée dans la défense de l'Armorique face au Royaume de France. Jean IV de Rieux, tuteur d'Anne de Bretagne, deviendra maréchal de France. La forteresse connaîtra des heures fastes. Comme le rapportent les célèbres chroniques médiévales de Jean Froissart, elle sera (en 1341 et 1342) le théâtre d'enjeux lors de la guerre de Succession opposant les Blois (parti royal) aux Montfort (Jean IV).

En 1799, une farouche bataille pour la prise des célèbres tours d'Elven, opposa « Blancs » (Chouans) et « Bleus » (Révolutionnaires).

En 1862, le romancier Prosper Mérimée, alors inspecteur des Monuments historiques fit classer les tours, ou du moins le donjon émergeant de leurs ruines, le plus haut donjon octogonal de France.

Une autre célébrité séjourna au manoir de Kerlo : le mathématicien René Descartes. Tours, puits ou fontaine du manoir de Camaret rappellent ces époques. De nos jours, le château de Kerfily – qui a succédé à deux édifices incendiés – se prête aux réceptions. Une porte singulière y montre une sirène, symbole de la tentatrice, sculptée dans la pierre. Elle joue du biniou, instrument longtemps jugé « démoniaque » par le clergé. Aussi la flèche de l'église Saint-Alban, de très belle hauteur (53 mètres), rappelle-t-elle ses ouailles à l'ordre.

La forteresse de Largoët. Superbe vestige médiéval souvent disputé au cours de l'Histoire bretonne. Son donjon octogonal se dresse à 57 mètres de hauteur.

Panoramique intérieur de la chapelle Saint-Clément, édifiée entre 1460 et 1480, aux remarquables peintures murales, véritable « livre d'images saintes ». Le retable est du XVIIe siècle. À droite, saint Isidore, drapé de rouge. Sur la gauche, l'ange guidant Tobias, personnage du *Livre de Tobie* dont le nom signifie « Dieu est bon ».

Grand-Champ

Le roi Stevan (*Er Roue Stevan*), dont les prophéties ont été mises en musique en 2000, hante les esprits au pays de Grand-Champ. Une rue porte le nom de ce « mendiant céleste » qui errait au XVIIIe siècle, au cœur du « grenier à blé », en psalmodiant ses prédictions en breton.

Vaste terre agricole, si bien nommée, Grand-Champ recèle de trésors patrimoniaux légués par les anciennes maisons nobles de Bretagne. Au lieu-dit *Lost er Len* se trouvent les sépultures mégalithiques de *stang er arhed* (le cercueil de l'étang, en breton vannetais). L'étang baigne le moulin de Kermainguy, aux portes du manoir éponyme. Celui de Kerleguen, construit en équerre, se distingue par une tour d'angle. On s'arrête en pensées à l'Ossarium de Keropert (Ier siècle), longe des maisons traditionnelles de Kerluden, passe au pied du château du Rest, domaine privé qui servit de refuge au général Cadoudal (1800). Classée haut lieu de la guerre de Succession au duché de Bretagne, Grand-Champ sera l'épicentre de la résistance catholique et royale à la Révolution. La tombe des Chouans (11 hommes massacrés en 1796) est toujours fleurie. On se signe à la chapelle Sainte-Brigitte, réputée pour sa charpente remarquable. Le couturier Karl Lagerfeld avait fait du château de Penhoët sa villégiature (1975-1990). Il y reçut sans cérémonie la reine mère d'Angleterre.

Tous les 15 août, des pèlerins se pressent autour des vestiges de la chapelle Notre-Dame de Burgo à Grand-Champ. Les troupes chouannes de Cadoudal (armée catholique et royale du Morbihan) y assistèrent à la messe avant la bataille du Loc'h le 25 janvier 1800, face aux Républicains de Harty. À gauche : le dolmen *Lost* er *Lenn*.

La Trinité-Surzur

De même que Locmaria Grand-Champ est restée liée à Grand-Champ afin de la distinguer des nombreux Locmaria de Bretagne – notamment en Morbihan – La Trinité-de-la-Lande (son ancien nom) a conservé les attaches de Surzur dont la commune s'était séparée à la moitié du XIXe siècle.

Sa toponymie révèlerait une antique origine romaine, plus sûrement un attachement à la Sainte Trinité de la religion chrétienne.

La fontaine Saint-Servais-et-Saint-Protais (1744) vaut par sa corniche et ses frontons ornés de motifs d'inspiration Renaissance. Elle témoigne de vestiges de l'ancienne chapelle paroissiale édifiée sur ce site, placée sous diverses invocations, y compris saint Cornély, patron des animaux auquel le monde paysan reste très attaché.

La localité est idéalement située « entre terre et mer ». Le golfe est à dix minutes. Le comité du PNR (parc naturel régional) dudit golfe y siégea. Sa campagne alentour en fait un écrin « vert » naturel.

Fière de son assise bretonne, elle s'affiche volontiers sous le nom de *An Drinded-Surzhur*. Comme à La Trinité-sur-Mer, qui se tient plus éloignée, placée sur l'océan, entre Carnac et Saint-Philibert, les bretonnants la nomment d'un amical *An Drinded*, en clin d'œil.

De la chapelle Saint-Servais, vénérée pour la culture du mil, il ne reste plus que la fontaine à quatre colonnes, érigée en 1744, à La Trinité-Surzur. Sa corniche et ses frontons d'inspiration Renaissance, sont ornés d'arabesques.

Locmaria Grand-Champ

La commune s'est dissociée de l'ancienne trève de Grand-Champ, elle-même détachée de la paroisse primitive de Plumergat. En l'honneur de la Vierge, on a créé toute une couronne de Locmaria (le pays de Marie), issu du breton *Lok* (lieu saint) et de *Maria* (Marie). Afin de la distinguer des autres Locmaria du Morbihan, la nouvelle commune (1889) a maintenu le lien initial avec Grand-Champ.

Da feiz hon tadoù koh (la foi portée par les aïeux) est ancrée dans le caractère originel de Locmaria Grand-Champ. Ainsi s'arrête-t-on devant cette inscription mi-profane, mi-sacrée, sculptée au fronton de l'église du XVIe siècle, dédiée à la Vierge et refaite, pour l'essentiel, en 1885, grâce aux dons et au savoir-faire artisanal de tous les corps de métier : *Sudore populi ad gloriam Mariae* (À la sueur du peuple, à la gloire de Marie).

Les vestiges du château de Coëtcandec, le moulin de Kerhervé, la fontaine Saint-Éloi et « la métairie neuve » (magnifique longère agricole du XIXe siècle) constituent les attractions locales. Poen-Er-Lann fut le dépôt d'armes des Chouans, prélude à la célèbre bataille du Pont du Loch (22 janvier 1800). Cadoudal y perdit 400 hommes ; les Bleus du général Brune, 900 ! Une stèle de granit blanc, façon menhir, exposant un cœur rouge surmonté d'une petite croix la commémore.

Les ruines du château de Coëtcandec (*Coët*, bois ou forêt en breton) ont inspiré la création d'une Association des Amis du château édifié au XIIIe siècle à Locmaria Grand-Champ. Celle-ci a bénéficié d'une somme attribuée par la Fondation du Patrimoine (de Stéphane Bern) en vue de restaurer la tour d'escalier.
À gauche : la fontaine Saint-Éloi.

Du breton *Lokeltaz* (*lok* : ermitage) et de *Gweltaz* (saint Gildas qui a donné son nom à l'église), Locqueltas offre au visiteur ses manoirs, mais aussi son calvaire et fontaine à l'entrée du cimetière et la croix du chemin de Coëtcandec.

Locqueltas

Comme son toponyme breton l'indique, *Lokeltaz* – l'ermitage – devenu Locqueltas, vient de saint Gildas (*Jildaz* en vannetais), conseiller spirituel du roi Waroc'h, (VIe siècle). Sans doute venu de Cornouailles (et non du pays de Galles) sous la poussée des Angles et des Saxons, il serait le fondateur de l'abbaye de Saint-Gildas-de-Rhuys. De ce souverain du pays d'Arvor, un solide légendaire entretient le culte. Il est même avancé qu'un étonnant sarcophage de pierre posé à même le sol du hameau de Lomarec (près de Crac'h) aurait abrité sa dépouille. On y déchiffre l'inscription : *Ihra ema en ri*, ce que les bretonnants traduisent en *Amañ emañ ur roue* soit : « Ici repose un roi ». Un oratoire rare, le calvaire à panneaux (XVIe siècle), la fontaine de Goah Glazs (XVIIe siècle) et la croix de Coëtcandec, sur la route de Bignan (datée de 1613), sans oublier la maison typique à toit de chaume de Kérizac, constituent les richesses de Locqueltas qui jusqu'à la Révolution était divisée en seigneuries.

Meucon

Au cœur d'une nature préservée, Meucon est appelée « le pays des sources » (*mammennoù-dour* en breton.) La qualité de ses eaux a donné naissance à de nombreux puits, fontaines, lavoirs, jusqu'à l'aqueduc, construit en 1912, qui surplombe le ruisseau du Guern et tient lieu de frontière naturelle avec Plescop. On dit aussi de Meucon qu'elle est le « château d'eau » de Vannes, dont elle alimente cinq fontaines publiques.

L'aura du Camp militaire de Meucon remonte à l'ère romaine. Les légions de César en avaient fait leur camp retranché aux portes du hameau de Le Guernevé.

Après la guerre de 1870, il fut question d'aménager les landes qui entouraient le site en véritable camp militaire (1878). Une aubaine pour les Américains à la fin de la Première Guerre mondiale. Huit mille « G.I's » (infanterie US) y stationnèrent entre 1918 et 1919 dans ce que l'on appela longtemps « les baraquements américains ».

En 1940, le camp prit son essor sous la poussée de la Luftwaffe allemande. Elle y construisit des pistes lourdement bétonnées. Un aérodrome se développe, entouré de bunkers, véritable plateforme stratégique pour chasseurs et bombardiers allemands « Heinkel » et « Viking ».

Dans les années 1950, placé à courte distance du champ de tirs, Meucon deviendra le camp d'entraînement des parachutistes du 3e BCCP stationné à Vannes. Bigeard y sauta et, pour la petite histoire, l'écrivain Jean d'Ormesson, futur académicien. Aujourd'hui, c'est le 3e RIMA (infanterie de Marine) qui y prend ses quartiers. L'autre spécialité de Meucon est plus traditionnelle. Le village est la patrie de « la fouace », pâte à pain sans levain ni levure. Il existe même une rue de la Fouace. On ne quitte pas Meucon sans s'arrêter au four à pain de Cranuhac, près de la croix du Guern.

À gauche, on est à Plesccp ; à droite, à Meucon ; au milieu, dominant « le pays des sources » aux eaux réputées et convoitées qui alimentent Vannes dès le début du XVIIe siècle, se dresse l'aqueduc de Guern. Construit en 1912, il court sur 100 mètres de long.
À gauche : La chapelle Saint-Barthélémy (1524) dédiée au culte à Meucon.

Monterblanc

Passé les pages sombres ou glorieuses des pistes de Meucon, on y trouve désormais une école et un centre de parachutisme sportif, mais surtout l'aérodrome civil de Vannes Golfe du Morbihan.

Plus inattendu, le spectaculaire « Aéro musée » riche en maquettes des fusées européennes *Ariane* ou des satellites de la Nasa américaine. Si le camp militaire est passé à la postérité sous le sigle de « Meucon », l'ensemble aéronautique et les terrains alentour appartiennent à Monterblanc, dont le nom breton, *Ster Huen* signifie monastère blanc (les moines portaient la bure, l'habit blanc).

Située au carrefour d'anciennes voies romaines, la commune partiellement nichée au cœur d'un vallon arboré en forêts de chênes s'enorgueillit de vestiges du passé. Le nom de la chapelle de Mangolérian, est issu de *Mangoer* et d'*Aurélian*, soit le « mur d'Aurélien », enceinte fortifiée construite au IIIe siècle à Rome et symbole de la *pax Romana*.

La chapelle Notre-Dame de Mangolérian ne doit rien à cet héritage antique. Elle a été édifiée au XIVe siècle par les seigneurs de Rieux et donne lieu à un grand Pardon qui se déroule autour de sa fontaine et du calvaire du XVIIe siècle. On y admire une statue de la Vierge à l'enfant du XIIe siècle. L'église Saint-Pierre, à l'orgue de 1853 rénovée en 1993, abrite un reliquaire du XVIIe siècle également. Autre richesse : le manoir privé de Coh Castel sur le site de *Koh Kastell*, le Vieux château...

Le deuxième dimanche de juillet, les bannières bénies des pèlerins pavoisent la chapelle de Mongolérian, dite « des mille secours » à Monterblanc. À l'est de l'enclos, se trouve le calvaire ramené de Mangoro, à quelques foulées de là, en 1980.

Plaudren

Audren était le nom d'un chef armoricain du Ve siècle, qui le donna à son *Plou* (sa paroisse), devenue *Ploe* au fil de l'évolution de la langue bretonne. Si les Romains ont levé le camp d'Armorique (en l'an 410), celui de Kerfloc'h, un quadrilatère de 104×104 m, ourlé de parapets bordés par une douve, a laissé son empreinte. On y trouve aussi un ancien temple celtique (*Goh Ilis*).

À quelques lieues du pays gallo, Plaudren s'est enracinée dans la bretonnité. La fresque en mosaïque de l'église Saint-Bily, évêque de Vannes décapité au Xe siècle, est ornée d'une citation en langue bretonne : *IHS e sakrifis en overen Jezus hur salven e zischen* (Lors du sacrifice de la messe, Jésus notre sauveur descend parmi nous). Une pierre sculptée y porte les armes des Rieux, de la famille d'Alain Ier, roi de Bretagne. Son ultime descendant, 25 ans, a été fusillé après le débarquement des « Émigrés » à Quiberon, en 1795.

Pays « vert » s'il en est, Plaudren a pour symbole l'écureuil, appelé *rah-koëd* (le chat des bois). À voir : la chapelle Sainte-Madeleine au Moustoiric. Un retable dédié à saint Cornély, protecteur des animaux, est à Notre-Dame des Fleurs. Nombreuses sépultures mégalithiques (*Men Goarec*) et surtout « la quenouille de Gargantua », un menhir de 6 m de haut. Georges Cadoudal fit du château du Nédo son fief avant la bataille du Loch. Le manoir de Kervazy, nom d'un chambellan des ducs de Bretagne, passa ensuite des Chouans aux « Bleus ».

Plaudren peut s'enorgueillir de posséder un trésor mégalithique d'exception sur un territoire communal : d'abord avec le dolmen de *Men Guen* (tête blanche) véritable sépulture sous la roche, mais aussi, le menhir dit « la quenouille de Gargantua » (à gauche) qui se dresse à 6 mètres de hauteur. La légende s'inspire de Gargantua, héros rabelaisien, mais aussi de héros celtiques d'Irlande et de Galles.

Plescop

Un classement de prestige sourit à Plescop: celui du *Figaro* (27 janvier 2023) qui la désigna « 2e commune de plus de 5000 habitants où il fait bon vivre en Bretagne ». L'étude reposait sur une trentaine d'indicateurs dont l'environnement. Pas étonnant que les évêques de Vannes aient fait du manoir de Kérango leur lieu de résidence estival à partir du XVIIe siècle. *Pleskob*, toponyme breton, signifie en effet: la paroisse de l'évêque.

Fief royaliste – avec Arradon, Theix, Sarzeau, Saint-Avé – longtemps après la Révolution, Plescop envoya même une délégation de caciques à la rencontre du comte de Paris (1887) alors en exil à Jersey. Les temps modernes ont donné une note plus urbaine et néo-industrielle à l'héritage de sa ruralité, sise dans un écrin de biodiversité naturelle.

Son patrimoine déploie une église maintes fois restaurée et la chapelle de Lézurgan à charpente modelée en forme de carène. Route de Mériadec se dresse la croix du Soleil Levant. Les randonneurs sillonnent sur le chemin qui va de Kermesquel (Vannes) jusqu'à Sainte-Anne d'Auray. Les croyants se signent devant la légendaire chapelle Saint-Hamon. On admire les vestiges romains à Lézugan et au Guesquel. Si l'aqueduc de Trézélo (107,5 m de long, 8 m de haut) conduit de Plescop à Meucon où naquit « le roi Stevan », c'est un autre souverain sud-Armoricain, le roi Waroc'h (VIe siècle) que l'on honore à Plescop en mars. Festival de culture bretonne, Fest-Noz tout public et musique du monde en sont les temps forts.

Comme protégée par un menhir de 3,50 mètres, se tient la chapelle Notre-Dame de Lézurgan à Plescop. De style gothique, on la doit à Yves de Pontsal, évêque de Vannes de 1444 à 1475.
Sur la D135, au carrefour de Goach Groes, se dresse la Croix du Soleil Levant, très pattée, vue parfois comme l'évocation d'un culte païen.

Un crucifix sculpté sur bois attire l'œil des fidèles et des visiteurs de l'église Saint-Martin à Ploeren. Celle-ci remonte au XVe siècle et a été récemment restaurée. Plus curieux est le culte de Notre-Dame de Béléan (en français, la tombe de l'ermite) où l'on entretient le culte d'un Croisé, Jean du Garo (1248). Sa voûte est en forme de carène.

Ploeren

Ils sont nombreux des *Plou* (paroisses) du breton primitif devenus *Ploe* à la fin des migrations brittoniques en Armorique (ve-vie siècles). On en compte 160. À l'image de Ploeren, Ploemeur ou Ploërmel (ou Ploveren), entre autres, gardent la trace de cette évolution linguistique en Morbihan.

Dans l'église, une pierre tombale présente une croix avec une épée, un poignard et un chapelet. Elle jouxte les fonds baptismaux. À quelques pas de là, apparaissent deux *lec'h* (stèles) naguère utilisées à des fins rituelles; l'une d'entre elles a été christianisée.

La route de Vannes à Sainte-Anne d'Auray conduit à Mériadec. Là se trouve la chapelle Notre-Dame de Béléan (du breton *be-lann*, la tombe de la lande). Reconstruite au xve siècle, régulièrement entretenue, elle est classée aux Monuments historiques. Elle signe une étape du *Tro Breiz*. Ce pèlerinage dont la mémoire remonte aux temps médiévaux relie les villes des sept saints fondateurs de Bretagne. Elle fut édifiée par Jean du Garo. Capturé en croisade, il sera enfermé dans un coffre par les Sarrasins. Vouant son désespoir à la Vierge Marie, il reviendra «miraculeusement» à Ploeren. Fidèle à son vœu, il posera les premières pierres de la chapelle longtemps dite «de Bethléem». Les armes des seigneurs du Garo figurent sur un vitrail.

On admire à Ploeren un puits de granit aux supports sculptés et les vestiges d'un ossuaire. La tombe de Louis Cadoudal, benjamin de Georges, le grand chef Chouan, lui-même figure de «la petite Chouannerie» (1814-1815) invite à la méditation. Il consacra ses biens au service d'anciens compagnons d'armes nécessiteux. Et mourra ruiné.

Saint-Avé

Cité chargée d'histoire aux portes même de Vannes, dont elle se détacha en l'an 1000. Son héraldique : une fleur de lys d'or au milieu de trois croissants d'or et trois étoiles rouges sous un large champ d'hermines, en témoigne. Il est tiré des armes de Gehan de Coëtcandec, seigneur du Kreisker et de la famille d'Arz.

Ses richesses sont multiséculaires : ici se tenait le camp de Kastel Ker-Nevez, dit « Camp de César » le cantonnement retranché des légions romaines.

Le duc Jean V, l'un des fondateurs des remparts de Vannes, avait établi sa propriété au château de Plaisance (disparu) en 1433. Les ducs de Bretagne en firent leur résidence. François Ier, duc de Bretagne, aïeul par la branche maternelle de la duchesse Anne, y mourut en 1450.

Saint-Avé s'honore d'un autre site historique plus contemporain : le château de Beauregard, posé sur un « mené » (tertre). C'est dans ce décor intimidant que Georges Cadoudal, général en chef de l'armée catholique et royale de Bretagne, signa le traité de Beauregard avec le général Brune (Républicain) au lendemain de la célèbre bataille du Pont du Loc'h (25 janvier 1800) près de Grand-Champ. Brune y interpella Cadoudal : « Le premier consul (*ndla Napoléon Bonaparte*) vous offre un grade de général de division ou requiert de lui envoyer votre tête en cas de refus – Alors, ma tête ! Mais venez la chercher ! » La paix sera signée le 14 février, sans reddition des Chouans, mais simple dépôt de leurs armes.

C'est ici, au cœur du château de Beauregard (XVIIIe siècle), à Saint-Avé, que Cadoudal, chef de l'armée catholique et royale du Morbihan et le général Brune envoyé par Napoléon (Consulat) signent leurs accords de paix. Le château domine une des hauteurs de la commune.

De nombreux manoirs d'époque (le Kreisker, dans le bourg d'en haut, Kermelin, le château de Kerozer, celui de Rulliac (xve siècle) où décéda le Filhol de Camas (général d'Empire) forment couronne de prestige.

Le patrimoine religieux rivalise de trésors comme la chapelle Notre-Dame du Loc (1494). Son enclos a été construit sur un ancien sanctuaire païen. On y admire un très beau portail flanqué de contreforts, une fontaine et un calvaire, lesquels, avec le clocher (flèche en pierre) font le bonheur des artistes-peintres. Une stèle gauloise y a été christianisée. À l'intérieur, on détaille une croix de chancel en bois (xve siècle), la statue de sainte Marguerite terrassant un dragon, celle de saint Colomban, venu de La Chaussée des Géants (Irlande) et de l'île d'Iona, dans les Hébrides écossaises; une autre de saint Cornély, protecteur des animaux.

À l'église Saint-Gervais-et-Saint-Protais, le regard se pose sur un retable du xviie siècle et un autel offert par le pape Pie IX. La tribune en bois porte une inscription en langue bretonne.

Sébastien de Rosmadec (1570-1625), évêque de Vannes, est né au manoir de Lesnevé. C'est lui qui a reconnu les apparitions de Sainte-Anne au berger Ewen Nicolazic (1625), dans un champ de Ker Anna. René Descartes, le célèbre mathématicien et philosophe, inspirateur du cartésianisme (« Je pense, donc je suis ») séjourna à Saint-Avé. Son père siégeait aux États de Bretagne à la moitié du xviie siècle.

Avec sa célèbre « Vierge à l'enfant », en pierre tendre, la chapelle Notre-Dame du Loc, de style médiéval (XVe siècle) si souvent brossée par les artistes peintres, dispose de sablières de statues (sainte Marguerite, saint Colomban), d'une fontaine trapue, à l'extérieur et d'une croix calvaire à multiples scènes religieuses gravées dans la pierre.

Saint-Nolff

Ancienne «motte féodale» nichée au fond d'une vallée. Quarante ans avant le Traité d'Union du duché de Bretagne au royaume de France (1532), on trouve d'insolites fleurs de lys dans la chapelle Sainte-Anne édifiée en 1493. Une statue de la sainte y est classée. Son élégant clocher à corniches et la porte sculptée aux armes du seigneur Le Gourvinec attirent le regard. Plus intimidant est le calvaire-autel de la chapelle Saint-Colomban (moine irlandais). Il représente «l'entrée aux enfers» avec une gueule béante du diable (*malloh ruz al diaoul!*). Le manoir de Kerglas porte lui aussi trace irlandaise. Son accès est indiqué par une croix gravée de trèfle.

Une croix bannière en granit du XVIe siècle se déploie. Elle rappelle celles de Saint-Avé et celle qui jouxte la cathédrale de Vannes, sculptées sur plusieurs faces.

Des richesses de Saint-Nolff on citera encore l'imposante église Saint-Mayeul, garnie de boiseries précieuses et la chapelle Saint-Aman (1528) restaurée au XXe siècle où se trouve une Vierge à l'enfant polychrome.

La vie culturelle n'est pas neutre à Saint-Nolff. Elle est même variée: Fête du Bruit (un festival créé en 2018), Motocultor (ode à la vogue du métal extrême, festival qui se tient désormais à Carhaix depuis 2023), Tribute (une nouveauté) et Mamm Douar, hommage bretonnant à notre mère... la terre !

CALVAIRE DE SAINT-COLOMBAN. ÉRIGÉ AU XVIe SIÈCLE, IL TIRE SON NOM D'UN MOINE IRLANDAIS TRÈS VÉNÉRÉ VERS LA CHAUSSÉE DES GÉANTS. IL TRAVERSE LA BRETAGNE AU VIe SIÈCLE JUSQU'AU PAYS DE RETZ, Y LÉGUANT SON PATRONYME, COMME ICI AU HAMEAU DE SAINT-COLOMBIER EN SAINT-NOLFF.

Cet ancien moulin à farine dépendait de la seigneurie de Gourvineg à Saint-Nolff. On y admire les trois rangées de trous du colombier percées dans la façade, signe de l'importance du domaine. En activité jusqu'aux années 1950, il sert désormais de salle associative.

Sulniac

L'Histoire a gardé la mémoire du soulèvement de 1500 paysans (14 février 1791), dressés par le forgeron Le Mée contre la constitution civile du clergé. Le hameau de Le Gorvello, drapé dans une munificence fleurie, siège d'une distillerie familiale spécialisée dans la culture de pommiers, magnifie la tradition cidricole. Il aspirait à devenir commune à la Révolution, mais, via le ruisseau-frontière qui le traverse, il reste partagé entre Theix-Noyalo et Sulniac. Cette dernière est quasiment posée sur la ligne de partage entre le *gwennedeg* (le breton vannetais) et du parler gallo qui débute à 9 km de là, à Questembert. Les armoiries de Sulnieg (appellation d'origine) sont brodées d'une hermine sur fond or – signe de prospérité – à croix pattée, en souvenir de la Commanderie des Templiers de Carentoir. Érigée à l'époque moderne, une croix celtique – à l'irlandaise – domine le cimetière.

Un calvaire en forme de croix bannière classée du XVIe siècle jouxte l'église Saint-Pierre, de style roman. Érigée dès le XIIe siècle, rénovée au fil des ans, elle a dû être reconstruite après un incendie. On y admire la charpente, les chapiteaux sculptés, les sablières et gargouilles du XVIe siècle.

Autres joyaux de Sulniac: la fontaine Saint-Jean-Baptiste en forme de temple romain, la fresque et le catafalque du XVIIIe siècle de la chapelle Saint-Roch, le retable polychrome et la voûte étoilée de la chapelle Sainte-Marguerite, la statue de saint Vincent Ferrier à l'oratoire de Le Gorvello. L'imposant moulin de Rohello construit en «L» sur Le Gorvello, enrichit le tableau. Le château de Ferrières, daté du XVIe (famille de Rosmadec), de style Louis XIII, est inscrit au titre des Monuments historiques.

Placé au cœur du circuit des Templiers, à Le Gorvello, l'oratoire de Saint-Vincent Ferrier, (XVIIe siècle) est à un kilomètre du château du Plessis-Josso (en Theix-Noyalo), manoir médiéval (privé). Le culte du prédicateur dominicain, venu de Valence en Espagne, reste vivace en pays vannetais où il décéda en 1419.
Ci-dessous : à gauche, la fontaine Saint-Jean-Baptiste, à droite, le calvaire du XVIe siècle à côté de l'église Saint-Pierre.

Fontaine Sainte-Marguerite. Les pèlerins y prient la patronne du site. Elle a aussi donné son nom à la chapelle ornée de sablières. La légende veut qu'elle ait terrassé le dragon ce qui, dit-on, donne force spirituelle et temporelle aux habitants..

Trédion

Si les ducs de Bretagne avaient fait du Tour-du-Parc leur réserve de chasse, les seigneurs de Largoët traquaient le gibier dans les landes de Lanvaux. Un dolmen porte le nom évocateur de « Loge aux loups » ; la pièce d'eau qui traverse le bois de Cadoudal est appelée l'étang aux Biches.

Construit en 1350 (classé en 1913), le château de Trédion (patrimoine privé), de style néo-Renaissance étendu au néo-gothique, appartenait au duché. François Ier, roi de France, qui épousa Claude, la fille d'Anne de Bretagne, y séjourna en 1518, quatorze ans seulement avant le Traité d'Union signé entre le duché de Bretagne et le royaume de France. Plus tard, Catherine de Médicis y logea à son tour. Il est entouré depuis 1820 d'un vaste parc à rivière artificielle, étang, cascade et bassin, prolongé d'un verger fructueux et d'un potager. Le pont en granit à parapet et balustrade épouse la boucle de l'étang.

Un trésor serait enfoui au pied d'un chêne (oui, mais lequel ?), d'après la légende colportée par Charles Fouquet, parent décavé du surintendant des Finances du Royaume au XVIIe siècle.

La chapelle Saint-Nicolas d'Aguénéac (XVIIe siècle), les fontaines de Saint-Nicolas et de Villeneuve, les rochers de Prédalan, chaos rocheux dans les bois, complètent le caractère de Trédion avec une extravagance : les menhirs sculptés baptisés « Babouin et Babouine », symboles phalliques et sensuels de fertilité d'après les archéologues.

Le château de Trédion, à 20 minutes de Vannes, est une des attractions du pays d'Arvor, l'un des joyaux des communes de la couronne de l'Argoat, depuis l'ère du duché de Bretagne (xive siècle). De nos jours, on y organise réceptions et mariages dans le cadre d'un parc aux cinq étangs. À gauche : le dolmen de la loge aux loups.

Dédiée à Notre-Dame du Bon Secours (et à la mémoire templière, la croix pattée est dans les armes de la ville), la chapelle de Cran, à Trefflean, de style gothique, rappelle l'affluence des pèlerinages médiévaux. On y admire des fresques du XVIe siècle, des voûtes et lambris peints, des sablières et un statuaire polychrome.

Treffléan

La toponymie exprime la trace d'une forte implantation de Bretons insulaires (Gallois ou Cornouaillais) entre les Ve et VIe siècles. Son blason à barre d'hermines chargée d'une croix pattée de gueules trahit ce qui n'est un secret pour personne : l'origine templière de Treffléan, ancienne trève de Sulniac, siège d'une Commanderie.

On doit à cet ordre la création de la chapelle Notre-Dame de Bon Secours (XIIe siècle), que la *vox populi* appelle encore chapelle des Templiers. L'ordre dissous, elle resta la propriété des chevaliers de Saint-Jean de Jérusalem.

Chaque mois d'août, la chapelle de Cran est le théâtre d'un Pardon. Ce site sacralisé garde la mémoire de miracles portés par le légendaire du Moyen Âge. On y remarque un cercle peint du XVIe siècle, censé souligner le symbolisme de la roue solaire et qualifiée de « roue de la Fortune ». Outre une jolie fontaine et un calvaire à bannière du XVIIe siècle sculpté dans la pierre, on a gardé le souvenir d'une attaque chouanne partie de Treffléan (1791). Son but : libérer Mgr Amelot, évêque de Vannes. Dans le Morbihan, 48 prêtres sur 454 prêtèrent serment à la constitution civile du clergé ; 25 furent guillotinés.

Alain Resnais, figure de la Nouvelle Vague, né à Vannes en 1922, aurait pu en tirer une œuvre cinématographique. Commandeur du cinéma d'auteur, il fit de l'ancienne commanderie de Treffléan, chargée d'histoire et d'histoires, sa ville de résidence.

Ici, plus qu'ailleurs en Bretagne, on peut faire parler les pierres.

Par **Sébastien Le Fol**

Dans sa *Bretagne à travers l'histoire*, Anatole Le Braz (1859-1926), cet inlassable moissonneur de nos légendes, consacre de sublimes pages aux Bretons de l'intérieur, ceux de l'Argoat. Adepte de la géohistoire, Le Braz explique que la forêt centrale a longtemps joué un rôle isolateur. Pendant des siècles, des peuplades s'y sont réfugiées, refoulées par l'envahisseur.

Tout en les protégeant, son « armée d'arbres » les a aussi conduits à vivre dans une sorte de « réclusion morale ». « Il ne faut donc pas s'étonner, note le chroniqueur, que les habitants de l'Argoat se soient plus lentement épanouis que ceux de l'Armor. »

Il faut avoir ces particularités en tête avant de s'enfoncer dans l'arrière-pays vannetais, de Ploeren (à l'ouest) à Sulniac (à l'est), en passant par Locmaria Grand-Champ, Meucon, Monterblanc, Treffléan, Saint-Nolff et La Trinité-Surzur.

Le « pays vert », comme on le surnomme, fut longtemps une *terra incognita*. Les fonctionnaires de la zone maritime, rappelle Le Braz, redoutaient d'y être envoyés, même avec avancement, « persuadés qu'ils y seraient plus exilés qu'« Ovide chez les barbares ».

Ces paysages parsemés de poches boisées et surmontées de crêtes offrant de vastes panoramas furent prisés des Chouans. Les landes de Lanvaux furent le repaire du chef chouan Pierre Guillemot. Cet enfant de Bignan, lieutenant de Cadoudal, fut fusillé à Vannes, sur l'esplanade de la Garenne, en 1805.

Sous l'occupation allemande, c'est encore dans les landes de Lanvaux que se rassemblèrent 2 500 résistants. Le maquis de Saint-Marcel naquit en février 1943. L'action héroïque des maquisards bretons fut décisive pour préparer le débarquement en Normandie du 6 juin 1944. Quelques semaines plus tard, ils tinrent en échec les Allemands lors d'une bataille mémorable dont l'actuel musée de la Résistance à Saint-Marcel entretient le souvenir.

Cette mythique bande de granito-gneiss, comme la qualifient les géologues, a pris un nom plus clinquant dans le vocabulaire des professionnels du tourisme : les balcons du golfe du Morbihan.

« Tous les regards se tournent vers la mer, où dansent le soleil et les bateaux, lit-on dans un dépliant touristique. Mais pourquoi ne pas prendre un peu de hauteur pour admirer le golfe à distance ? Aux portes de Vannes se déroule un pays bucolique de pâturages et de forêts, où les vieilles chapelles s'éparpillent entre les hameaux, les chemins creux et les mégalithes. »

Ici, plus qu'ailleurs en Bretagne, on peut faire parler les pierres. À Sulniac se trouve la chaise du Diable, une pierre sur laquelle l'intéressé avait pris l'habitude de s'asseoir. Et les amants de s'y accoupler... Le recteur en fit une chaire pour prononcer ses sermons. À Trédion, dans le bois de Hanvaux, se dressent deux mystérieux menhirs jumeaux appelés « Babouin et Babouine », l'un mesurant 1,45 m et l'autre 3,25 m. Un couple symbole de fécondité ?

Le pays vert regorge de beautés cachées que l'on cueille comme des fruits défendus. On s'enfonce dans des vallées boisées et soudain apparaît un château de conte de fées, comme à Trédion. Posé sur la rive de l'Arz, le château de Kerfily paraît sorti d'un songe boisé. Du château de Crévy, une perspective majestueuse s'ouvre sur l'Oust. Il se murmure que René Descartes y séjourna.

L'Argoat, à la différence de l'Armor, abrite peu de célébrités. La renommée de ses héros et de ses hérauts a difficilement – ou alors tardivement – franchi les frontières de ce petit pays.

Qui a entendu parler du roi Stevan, surnom donné à un certain Étienne Le Ray (1701-1775), natif de Meucon ? Ce mendiant parcourait les chemins en prophétisant. Parmi ses nombreuses prophéties, on retiendra : « Un temps viendra où les hommes voleront dans les airs comme les oiseaux. Ils voleront enfermés dans une cage de fer » ou « Il viendra un temps où la parole sera transmise d'un bout de la terre à l'autre. »

Qui connaît Elisa Napoleone Baciocchi (1806-1869) ? Cette princesse italienne, nièce et filleule de Napoléon Ier, déposa ses malles dans le village de Colpo (sur la commune de Bignan) en 1857. Elle y créera un vaste domaine agricole baptisé Korn-er-Hoët (le coin du bois). Il se dit que cette noble dame, qui fumait la pipe et jurait comme un charretier, serait à l'origine des premiers parcs à huîtres en rivière d'Auray.

La destinée de cette princesse nous indique que les communications entre la Bretagne de l'intérieur et celle du littoral n'ont jamais été rompues.

Elisa Napoleone n'aura pas vu le golfe du Morbihan devenir les Hamptons français. Si le pays vert attire les Morbihannais en quête de calme ou ceux que la flambée des prix de l'immobilier a éloignés du bord de la petite mer, il a su conserver sa personnalité.

Ces dernières années, on a vu de jeunes Bretons, diplômés de grandes écoles de commerce, revenir s'établir dans le village de leurs aïeux pour relancer la distillerie du coin. Certains produisent un cidre très prisé dans les tavernes parisiennes, où la bouteille est vendue 30 à 40 euros à la carte. On en trouve au Gorvello, l'un des Plus Beaux Villages de France où vit discrètement l'un de nos plus grands artistes de la bande dessinée : Martin Veyron.

Élégance du trait, humour, sens de la dérision, talent discret... On ne saurait mieux résumer ce pays qui ne se dévoile jamais tout à fait. C'est pour cela qu'on a envie d'y retourner.

Pistes bibliographiques

Théodore Hersart de La Villemarqué, *Le Barzhaz Breizh* (Coop Breizh)

Anatole Le Braz, *La Bretagne à travers l'Histoire* (Équateurs)

Joël Cornette, *Histoire de la Bretagne* (Le Seuil)

Bernard Rio, *1200 lieux de légende en Bretagne* (Coop Breizh)

Patrick Mahé
Nom d'auteur de Patrick Mahé O'Chinal. Issu d'une vieille famille vannetaise, il est membre de l'Institut culturel de Bretagne (*Skol Uhel Ar Vro*). Journaliste depuis 1970, reporter à *France Soir* et au *Figaro*, il dirigea *Télé 7 Jours* (de 1996 à 2006). Sa carrière est surtout ancrée à *Paris Match*. Il en a été le rédacteur en chef (textes) de 1980 à 1996, le patron des numéros Hors-Série de 2018 à 2023, le directeur général de la rédaction de 2021 à 2023. Il a publié 68 ouvrages, dont une vingtaine sur la Bretagne et les pays celtes et a reçu le Prix 2024 du Jury des Hussards pour *La légende de Paris Match* (Plon).

Gilles Martin-Chauffier
Originaire de Vannes et résident de l'Île-aux-Moines depuis des générations, issu d'une lignée de journalistes célèbres, il a été rédacteur en chef à *Paris Match* de 1996 à 2023. Il y fut, notamment, le responsable des pages culturelles. Romancier, il a obtenu le Prix Interallié pour *Les Corrompus* et le Prix Essai du Renaudot pour *Le Roman de Constantinople*. Il a aussi publié *Le Roman de la Bretagne*. Son livre sur le golfe du Morbihan, *Une mer de famille*, justifie largement sa contribution à l'Armor.

Sébastien Le Fol
D'une famille originaire de Le Gorvello en Sulniac, sublime hameau de l'arrière-pays de Vannes, situé entre Sulniac et Theix-Noyalo, il a été directeur adjoint du *Figaro*, puis directeur de la rédaction du *Point*. Éditorialiste au *Télégramme*, il est aussi l'éditeur de *La fabrique du chef d'œuvre* et l'auteur de plusieurs ouvrages : *Reste à ta place, Les lieux de Pouvoir,* et *En bande organisée*. Il était le mieux placé pour nous conter l'Argoat, les terres forêts profondes du pays d'Arvor.

Tous les trois sont des fidèles du Salon Livr'à Vannes / *Levr e Gwened,* présidé et créé en 2007 par Patrick Mahé. Ils sont aussi membres du jury du Prix Bretagne / *Priz Breizh*.

Alexandre Lamoureux
Photographe indépendant depuis 2006. Originaire du Trégor (Bretagne Nord), il a fait ses armes en baie de Morlaix. Il appartient au collectif *L'Ours en plus*, dont la stratégie éditoriale met en lumière les territoires auquel chacun de ses membres est attaché. Familier du Morbihan, il a posé son sac à Grand-Champ, dans « le pays vert » d'Arvor, tout en sillonnant le golfe du Morbihan, lors d'une exposition de ses œuvres qui s'est tenue au moulin de Pen Castel, en presqu'île de Rhuys.

Michel Maïquez
Directeur de création (alias « Grizzly »), il signe la mise en page de cet ouvrage. Longtemps rédacteur en chef technique de *L'Express*, il rejoint *Paris Match* en 1998 dont il sera le directeur artistique. Il a conduit le graphisme de nombreux livres albums et dirige la maquette des numéros hors-série de l'hebdomadaire. Amateur éclairé de rugby, ancien demi-de-mêlée, il avait pour idole le Gallois Gareth Edwards. Admirateur des XV d'Écosse et d'Irlande à l'heure des hymnes nationaux, il ne manque pas le *Bro Gozh* entonné à pleins poumons au stade de la Rabine pour le Rugby club de Vannes.

BIBLIOGRAPHIE

• *Traité de toponymie historique de la Bretagne*, Erwan Vallerie (Éditions An Here, 1995).
• *Communes bretonnes, Paroisses d'Armorique*, Erwan Vallerie (Éditions Beltan, 1986).
• *Le Patrimoine des communes du Morbihan*, collectif, (Flohic éditions, 1996).
• *La victoire navale des Vénètes d'Armorique*, Jacques-Donald de Certaines, (Association Mor Er Wenediz).
• *Les origines historiques de la Ville de Vannes*, Alfred Lallemand (Cauderan éditeur-libraire, 1858).
• *Morbihan en bleu et en vert*, Patrick Mahé (Éditions Le Chêne, 2016).

DU MÊME AUTEUR

Les Français tels qu'ils sont (Fayard, 1975)
La Fabuleuse Histoire de Saint-Étienne (avec Robert Nataf et Gérard Le Scour) (Odil, 1976)
« Allez les verts ! » (avec Dominique Grimault) (Denoël, 1977)
Le Mémorial de notre temps (Hachette, 1981)
Piaf-Cerdan, un hymne à l'amour (coécrit avec Dominique Grimault) (Robert Laffont, 1982)
Platini, Ma vie comme un match (avec Michel Platini) (Robert Laffont, 1987)
Chaveta, l'arche d'or des Incas (avec Jéromine Pasteur) (Filipacchi, 1988)
Raoni, Le Tour du monde d'un Indien en 60 jours (Filipacchi, 1989)
Reportages (5 tomes) (Keystone, 1989-1990)
Las Vegas, un diamant dans le désert (avec Gilles Lhote) (Filipacchi, 1990)
Rodéo (avec Gilles Lhote) (Filipacchi, 1991)
Memphis blues (Albin Michel, 1994)
Cantona au bûcher (Ramsay, 1996)
Johnny de A à Z (avec Gilles Lhote) (Albin Michel, 1996)
La Magie du whisky (Le Chêne, 1997)
La Philosophie Cantona (Michel Lafon, 1997)
Écosse (avec Philip Plisson) (Le Chêne, 1998)
Nos années télé (Filipacchi, 1999)
Irlande (photos Philip Plisson) (Le Chêne, 2000)
Sur la route d'Elvis (Grasset, 2002)
Pondichéry (photos Guillaume Zuili) (Le Chêne, 2003)
Whisky, La Légende/the legend (photos David Lefranc) (Michel Lafon, 2004)
Mer bretagne/mor breizh (photos Philip Plisson) (Michel Lafon, 2006)
La Télévision autrefois (avec l'INA) (Hoëbeke, 2006)
Mer celtique (photos Philip Plisson) (Michel Lafon, 2007)
Le Roman des amours d'Elvis (Le Rocher, 2007)
Les Plus Grands Duels du sport (collectif – Tana 2007)
68, L'Année choc (introduction Serge July) (Plon, 2008 et 2018)
Morbihan à tire-d'aile (photos Philip Plisson) (Pêcheur d'images, 2008)
Éric Tabarly, mon père (avec Marie Tabarly) (Michel Lafon, 2008)
Saint-Patrick (Hoëbeke, 2008)
Les Dossiers Secrets de Paris Match (avec Jean Durieux) (Robert Laffont, 2009)
Johnny le survivant (avec Gilles Lhote) (Ramsay, 2012)
Elvis et les femmes (Archipoche, 2012)
Titanic, L'Aventure, le mystère, la tragédie (avec Corrado Ferruli) (Le Chêne/ EPA. 2012)
Piaf, un chant d'amour (dessins de Philippe Lorin) (Hoëbeke, 2013)
Culture whisky (Le Chêne, 2013, 2015, 2017, 2019)
Les oies sauvages meurent à Mexico (roman) (Fayard, 2013 et Points Seuil, 2015). Traduit en espagnol par l'université de Sinaola, Mexique.
La France vue de la mer (avec Philip Plisson, six albums) (Le Chêne, 2013, 2014)
Adriana Karembeu : Je viens d'un pays qui n'existe plus (Seuil, 2014)
Jean-Jacques Bourdin, « l'homme libre » (Le Cherche Midi, 2014)
Les Héros du photojournalisme (avec Didier Rapaud) (Le Chêne, 2014)
Balades en Écosse et en Irlande (Coop Breizh, 2015)
Les Archives de la télévision (Le Chêne, 2015)
Morbihan en vert et en bleu (Le Chêne, 2016)
Culture rhum (Le Chêne, 2017)
100 jours avec Elvis (Le Cherche Midi, 2017)
Culture champagne (Le Chêne, 2018)
Johnny ni dieu ni diable (avec Gilles Lhote) (Robert Laffont, 2018)
Elvis, ombre et lumière (avec Kent) (Seuil Delcourt, 2019)
Paris Match 70 ans (collectif – Michel Lafon, 2019)
Whisky collector (Gründ, 2020)
Champions inoubliables (de Guy Drut avec Dominique Girault) (Le Cherche Midi. 2021)
Rare whisky (Octopus, 2021) (édition anglaise de Whisky collector)
Paris Match, l'album des Français (Hors Collection, 2021)
Paris Match, les faits divers (sous la direction de) (Hors Collection, 2022)
La Légende de Paris Match (Plon, 2024)
Les îles du Ponant par la route des phares (photos Philip Plisson) (Pêcheur d'images, 2024)

Remerciements
David Robo, maire de Vannes (maer Gwened),
président de Golfe du Morbihan - Vannes agglomération.
Gwenola Le Chêne (Golfe du Morbihan - Vannes agglomération),
pour sa rigueur et son implication.
Jean-Claude Le Ruyet (« Emglev Bro Gwened »ICB/SUAV).

Crédits photographiques
P. 10-11 : © 47Nord. Régine Gaucher-Loaëc, p. 12 : © Studio Point Cardinal,
p. 64-65, 90 gauche : © François Le Divenah – GMVA, p. 96-97 : © Patrick Croguennec,
p. 98-99 : © Sébastien La Gourriérec, p. 146-147 : Mairie de Sulniac.

En première de couverture : Saint-Gildas-de-Rhuys.
En quatrième de couverture : Chapelle Saint-Barthélemy à Meucon.

Coordination éditoriale Enéa Bahier
Conception graphique et mise en page Michel Maïquez
Photogravure GraphEtTi, Rennes
Impression PPO, Paliseau (91)
Achevé d'imprimer en novembre 2024
Dépôt légal novembre 2024

ISBN : 979-10-93733-20-3
N° d'éditeur : B0007.01.3,5.11.24